浙江省高速公路机电工程施工质量安全标准化指南

主 编 杨东锋 蒋 强
副主编 张聪聪 华广兵 王 霖 杨弘卿

人民交通出版社
北京

内 容 提 要

本指南主要介绍了浙江省高速公路机电工程施工质量安全标准化要求和做法，包括管理篇、工艺篇、安全篇等。本指南对于推进浙江省高速公路机电工程施工质量安全标准化建设，提升机电工程施工质量，规范施工安全管理，预防和减少质量事故及生产安全事故有很好的指导作用。

本指南可为浙江省新建、改(扩)建高速公路机电工程施工期的质量安全管理工作提供借鉴。

图书在版编目(CIP)数据

浙江省高速公路机电工程施工质量安全标准化指南 / 杨东锋, 蒋强主编. — 北京：人民交通出版社股份有限公司, 2025.3. —ISBN 978-7-114-20028-1

Ⅰ.U412.36-62

中国国家版本馆CIP数据核字第2025J4H448号

Zhejiang Sheng Gaosu Gonglu Jidian Gongcheng Shigong Zhiliang Anquan
Biaozhunhua Zhinan

书　　名	浙江省高速公路机电工程施工质量安全标准化指南
著 作 者	杨东锋　蒋　强
责任编辑	潘艳霞
责任校对	龙　雪
责任印制	张　凯
出版发行	人民交通出版社
地　　址	(100011)北京市朝阳区安定门外外馆斜街3号
网　　址	http://www.ccpcl.com.cn
销售电话	(010)85285857
总 经 销	人民交通出版社发行部
经　　销	各地新华书店
印　　刷	北京市密东印刷有限公司
开　　本	710×1000　1/16
印　　张	7
字　　数	83千
版　　次	2025年3月　第1版
印　　次	2025年3月　第1次印刷
书　　号	ISBN 978-7-114-20028-1
定　　价	65.00元

(有印刷、装订质量问题的图书，由本社负责调换)

《浙江省高速公路机电工程施工质量安全标准化指南》编审委员会

审 定 组

主编单位：浙江舟山北向大通道有限公司
　　　　　交通运输部公路科学研究所
　　　　　浙江高信技术股份有限公司
　　　　　北京公科飞达交通工程发展有限公司

组　　长：黄　勇
副 组 长：计春华
成　　员：朱权华　曹　阳　韩宏略　石胜华

编 写 组

主　　编：杨东锋　蒋　强
副 主 编：张聪聪　华广兵　王　霖　杨弘卿
参　　编：刘　伟　高　阳　李　欣　陈　新　张　治
　　　　　王帅邦　王　锟　尹　绅　陈　磊　李　伟
　　　　　张啸骏　李向明　张　弛　曾　明　张　耀

PREFACE 前言

浙江省作为全国首个"现代交通示范区",高速公路通车里程突破5000km,联网智能管控需求持续升级。机电工程作为高速公路"神经系统",涵盖通信、监控、收费、供配电等八大系统,其施工质量直接关系路网运行效率和公众出行安全。随着智慧高速公路建设加快推进,机电工程呈现系统集成度高、技术更新快、交叉作业多等特点,传统管理模式面临质量管控标准不统一、安全风险防控精细化不足等挑战。

为深入贯彻落实交通强国战略部署,推进浙江省高速公路机电工程施工质量安全标准化建设,全面提升机电工程精细化管理水平,十分有必要对近年来机电工程标准化管理经验进行总结,固化形成管理指南,提升机电工程施工质量,规范施工安全管理,预防和减少质量事故及生产安全事故,筑牢交通强国建设安全根基。为此,浙江舟山北向大通道有限公司、交通运输部公路科学研究所、浙江高信技术股份有限公司和北京公科飞达交通工程发展有限公司组织编写了《浙江省高速公路机电工程施工质量安全标准化指南》。

本指南立足新时代高质量发展要求,聚焦机电工程全生命周期管理,旨在构建科学规范的质量安全管控体系,为打造"平安百年品质工程"提供技术支撑。本指南按照《公路水运工程质量监督管理规定》(交通运输部令2017年第28号)、《公路水运工程安全生产监督管理办法》(交通运输部令2017年第25号)、《公路养护安全作业规程》(JTG H30—2015)等要求,结合浙江省高速公路机电工程施工特点和项目特色,梳理主编单位在机电工程施工质量安全领域相关研究成果,主要内容包括高速公路机电工程施工质量安全标准化管理篇、工艺篇、安全篇等。

  鉴于作者水平和经验，书中如有不当之处，敬请广大读者批评指正。

作　者
2025年1月

CONTENTS 目录

- 1 总则 …………………………………………………………… 1
  - 1.1 编制目的 …………………………………………………… 2
  - 1.2 编制依据 …………………………………………………… 2
  - 1.3 使用范围 …………………………………………………… 2
- 2 管理篇 ………………………………………………………… 3
  - 2.1 质量管理责任制 …………………………………………… 4
  - 2.2 安全生产责任制 …………………………………………… 6
  - 2.3 施工班组管理 ……………………………………………… 9
  - 2.4 现场人员管理 ……………………………………………… 11
  - 2.5 专项施工方案 ……………………………………………… 12
  - 2.6 安全内业台账 ……………………………………………… 15
  - 2.7 安全生产费用 ……………………………………………… 25
- 3 工艺篇 ………………………………………………………… 27
  - 3.1 管道施工 …………………………………………………… 28
  - 3.2 管箱施工 …………………………………………………… 31
  - 3.3 线缆施工 …………………………………………………… 32
  - 3.4 设备基础施工 ……………………………………………… 37
  - 3.5 外场设备施工 ……………………………………………… 40
  - 3.6 车道设备施工 ……………………………………………… 50
  - 3.7 收费亭及亭内设备施工 …………………………………… 53

	3.8	隧道消防设施施工	55
	3.9	隧道机电设施施工	61
	3.10	室内设备施工	69
4	安全篇		81
	4.1	一般规定	82
	4.2	机械设备安全要求	83
	4.3	施工现场安全围挡	86
	4.4	高处作业	87
	4.5	桥梁护栏外施工挂篮	89
	4.6	起重吊装作业	90
	4.7	钢箱梁内有限空间作业	90
	4.8	施工交通组织	92
	4.9	应急管理	99
	4.10	安全文化	101
	4.11	安全管理系统	101

1

总则

1.1 编制目的

为推进浙江省高速公路机电工程施工质量安全标准化建设,提升机电工程施工质量,规范施工安全管理,预防和减少质量事故及生产安全事故,编制本指南。

1.2 编制依据

(1)《建设工程安全生产管理条例》(国务院令2004年第393号);

(2)《公路水运工程质量监督管理规定》(交通运输部令2017年第28号);

(3)《公路水运工程安全生产监督管理办法》(交通运输部令2017年第25号);

(4)《浙江省交通建设工程质量和安全生产管理条例》(浙江省第十三届人民代表大会常务委员会2018年公告第4号);

(5)《交通运输部关于打造公路水运品质工程的指导意见》(交安监发〔2016〕216号);

(6)《关于加强公路水运工程建设质量安全监督管理工作的意见》(交安监规〔2022〕7号);

(7)《浙江省交通建设工程施工安全风险管理办法》(浙交〔2021〕16号);

(8)《公路隧道交通工程与附属设施施工技术规范》(JTG/T F72—2011);

(9)《公路工程质量检验评定标准 第二册 机电工程》(JTG 2182—2020);

(10)《公路养护安全作业规程》(JTG H30—2015)。

1.3 使用范围

本指南可为浙江省新建、改(扩)建高速公路机电工程施工期的质量安全管理工作提供借鉴。

2

管理篇

2.1 质量管理责任制

2.1.1 工程质量目标

施工单位应建立符合现行GB/T 19001系列标准规定的质量体系,确保工程质量符合检验评定标准,并达到国内同行业先进水平。

施工单位应制定质量方针目标,建立各项严格的质量责任制,严格管理,保证工程各环节的质量受控。

2.1.2 质量保证体系

根据《质量体系:生产、安装和服务的质量保证模式》(ISO 9001:2015)建立质量保证体系(图2-1),制订质量计划,对工程实施全过程的质量活动进行规范,所有参加工程实施的人员在质量管理小组的领导下,严格落实岗位职责和执行工作程序,以满足检验评定要求和实现质量目标。

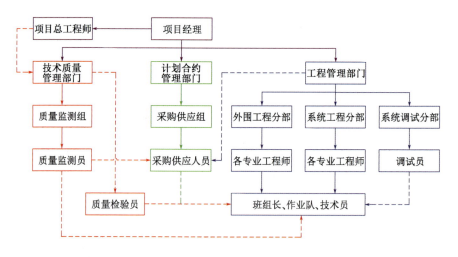

图2-1 质量保证体系

2.1.3 质量管理机构及责任制

项目开工前,施工单位应建立以项目经理为组长,以项目副经理、项目总工程师和设计负责人为副组长,以各部门主管与专业施工队长为成员的质量管理领导小组。在施工过程中坚持工班自检、质检人员专检、监理工程师终检的方法,实施工程质量全员、全方位、全过程、全要素管理,实行项目部主要领导对工程质量终身负责制。

质量管理人员分配及职责:建立从项目经理、施工队长到操作工人的岗位质量责任制,明确各级分工与管理职责,建立严格的考核制度,将经济效益与质量挂钩,见表2-1。

质量管理岗位/部门职责表　　　　表2-1

序号	岗位/部门	工作职责
1	项目经理	负责公司质量方针在本项目的贯彻实施,确保本项目质量目标的实现。确保本项目质量管理体系的正常运行,负责本项目质量职责的分配,确保项目岗位质量责任的落实。组织工程交付和工程保修并参加工程回访,参与满意度测量。参与项目实施过程的策划,组织质量计划的编制
2	项目副经理	负责技术交流、技术总结工作,编制技术总结管理办法。 监督、检查施工中技术方案或重要技术措施的执行情况。落实工程成品及半成品保护措施、质量检查与验收。 深入施工现场了解工程质量动态,协调处理施工中存在的质量问题。开展施工过程中各道工序的自检和报验工作
3	项目总工程师	对安全生产和劳动保护方面的技术工作负全面领导责任;在组织编制施工组织设计或施工方案时,同时编制相应的安全技术操作规程;当采用新工艺、新材料、新技术、新设备时,制定相应的安全技术操作规程;解决施工生产中安全技术问题;制定改善工人劳动条件的有关技术措施;对职工进行安全技术教育,参加伤亡事故的调查分析,提出技术鉴定意见和改进措施

续上表

序号	岗位/部门	工作职责
4	技术质量管理部门	认真执行国家颁布的技术规范、规程,落实工程质量保证措施,对因其工作失误造成的不合格品负主要责任。应用统计技术,做好本岗位记录的收集、整理、填报和归档工作,确保技术文件质量,对文件和资料的有效性、真实性负责,确保工程实施过程管理的可追溯性
5	工程管理部门	严格按照施工图和操作规程的要求进行施工,坚持"质量第一"的原则。出现质量问题及时向质检员、技术人员反映,并参与质量分析,对不及时自检和不及时反映问题造成的不合格产品负责。积极参与质量控制(QC)小组的活动
6	计划合约管理部门	对本项目材料设备的采购供应,对供货方进行评价,建立合格供货方档案,对采购的物资进行验证。按《中华人民共和国民法典》审查采购合同,把好订货关,对采购物资质量负责
7	安全管理部门	做好生产安全物资的采购、验收、搬运、储存、发放等工作,手续完备,记录齐全并具有可追溯性。 落实施工安全生产要素的计划、检查、整改工作

2.2 安全生产责任制

2.2.1 安全生产目标

项目安全生产工作应以"**本质安全**""**以人为本**""**顶层设计**"为导向,优化工艺工法,提高本质安全,创建安全文化,并明确以下安全生产目标:

(1)人员零伤亡;

(2)隐患整改率100%;

(3)专项施工方案审批及现场执行率100%;

(4)争创"平安工地"。

2.2.2 安全保证体系

安全生产应强化项目内部安全管理,增强所有职工安全意识,确保安全生产。项目部坚持贯彻执行项目经理负责制,项目领导要坚持"管生产必须管安全"的原则,实现安全生产和文明生产。

项目部建立健全各项安全规章制度,做到依法办事;加强安全教育培训,提高广大职工的安全意识和防范安全事故的能力;及时开展安全生产大检查,消除事故隐患;制定切实可行的安全技术措施,在施工中严格执行;遵守所有安全、健康与卫生方面的法律法规和规章制度,并提供一切安全装置、设备与保护器材,以保护职工的生命、健康及公众的安全;从技术上入手,针对实际情况,开展QC小组活动,及时解决施工中的安全问题,以实现安全生产、文明施工的目标。项目安全生产保障体系如图2-2所示。

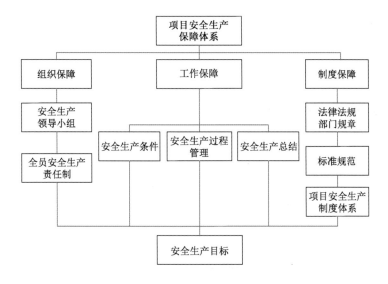

图2-2　项目安全生产保障体系

2.2.3　安全生产组织机构及责任制

项目安全生产组织机构应满足以下要求:

(1)项目部应成立安全生产领导小组,组长由项目经理担任,副组长由分管安全生产的副经理、总工程师担任。

(2)安全生产领导小组下设办公室,办公室主任由分管安全生产的副经理担任,成员由安全管理、工程管理、技术质量等部门的负责人组成。

(3)项目部安全生产领导小组应在开工前成立,以文件形式发布,并报监理单位审查,批复后抄送建设单位备案。

(4)项目部应按规定配置现场专职安全管理人员。

项目负责人对项目安全生产工作负有下列职责:

(1)建立项目安全生产责任制,实施相应的考核与奖惩。

(2)按规定配足项目专职安全生产管理人员。

(3)结合项目特点,组织制定项目安全生产规章制度和操作规程。

(4)组织制订项目安全生产教育和培训计划。

(5)督促项目安全生产费用的规范使用。

(6)依据风险评估结论,完善施工组织设计和专项施工方案。

(7)建立安全预防控制体系和隐患排查治理体系,督促、检查项目安全生产工作,确认重大事故隐患整改情况。

(8)组织制定本合同段施工专项应急预案和现场处置方案,并定期组织演练。

(9)发生生产安全事故时,及时、如实报告并组织自救。

施工单位的专职安全生产管理人员履行下列职责:

(1)组织或者参与拟定本单位安全生产规章制度、操作规程,以及合同段施工专项应急预案和现场处置方案。

(2)组织或者参与本单位安全生产教育和培训,如实记录安全生产教育和培训情况。

(3)督促落实本单位施工安全风险管控措施。

(4)组织或者参与本合同段施工应急救援演练。

(5)检查施工现场安全生产状况,做好检查记录,针对安全生产标准化建设提出改进建议。

(6)及时排查、报告安全事故隐患,并督促落实事故隐患治理措施。

(7)制止和纠正违章指挥、违章操作和违反劳动纪律的行为。

2.3 施工班组管理

2.3.1 施工班组组建

协作单位施工班组管理组织结构如图2-3所示,其主要人员资格应符合国家及行业要求。

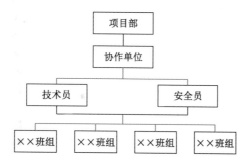

图2-3 协作单位施工班组管理组织结构示意图

施工班组组建应注意以下事项:班组长、班组技术员和班组安全员等主要人员应有一定的类似项目施工经验;特种作业人员应持证上岗;应按公司要求按时对班组开展信用考核评价。

2.3.2 班组实名制管理

(1)班组实行实名制管理,制作工人花名册。

(2)有条件的项目,可积极应用信息化技术,创建施工班组实名制管理信息化系统,在一定范围内实现协作单位、施工班组的信息共享,并且系统应至少具备以下主要功能:

①协作单位和施工班组信息的录入、编辑、交换、统计、查询、发布;

②通过识别身份证、指纹、人脸识别等信息实现实名认证;

③实现对班组人员的动态管理,如考勤、教育、交底等;

④班组人员对其实名制信息系统信息的准确性有维权申诉渠道。

(3)项目部开展实名登记工作,分级、分类管理,按班组人员、施工班

组、协作单位三类分别登记相关信息,具体信息如下:

①班组人员信息应包括基本信息、工作经历、职业证书、教育培训记录、不良记录、表彰信息等,实行"一人一档"实名制管理;

②施工班组信息应包括班组成员信息、班组信用评价等;

③协作单位信息应包括协作单位基本信息、协作单位班组、协作单位业绩、生产安全事故、工资发放信息、表彰信息等。

2.3.3 班组进退场管理

2.3.3.1 进场管理

(1)施工班组进场前,协作单位应将施工班组全员信息表报送至项目部审核备案。

(2)协作单位应对班组人员实行"一人一档"实名管理,并及时更新。

(3)施工班组进场作业前,项目部应派员核实班组人员信息,属实后方可允许进场。

(4)项目部应按照规定对班组人员进行岗前教育培训,未经岗前教育培训或培训不合格的人员不得进入施工现场。

(5)春节、国庆等重大节假日后复工,以及转岗、换岗或停工时间超过15d的班组人员应重新进行岗前安全培训。

2.3.3.2 班组清退

(1)项目部对不满足施工现场安全、质量及环保等管理要求的施工班组或班组人员应进行再教育、再培训,连续两次仍不满足要求的应予以清退。

(2)项目部对违反工程管理制度的施工班组或班组人员应进行处罚、清退。

(3)项目部对滋事搅乱正常施工,造成恶劣社会影响的施工班组或班组人员应予以清退。

2.3.3.3 退场管理

(1)班组人员、施工班组提前退场的,一般应提前15d告知协作单位。

(2)退场前,所完成的施工内容应通过项目工程、安全及合同等部门的验收。

(3)退场前,应退还相关的个人安全防护用品、领取的器具和工作牌等,协助及时更新个人信息。

(4)协作单位应按照考勤记录提交班组人员工资单至项目部,由项目部完成结算并签订协议。

(5)协作单位应配合项目部完成人员、施工班组、用工单位的退场手续。

2.4 现场人员管理

2.4.1 个体防护

现场人员按工作岗位分为专职安全管理人员、兼职安全管理人员、施工人员。其中,兼职安全管理人员包括现场负责人、施工业务管理人员、交通管控员。

个人安全防护配备包括服装、反光背心/夜光反光背心、安全帽、安全带、安全绳、"慢"字旗、对讲机、交通指挥棒、口哨、袖标、手持扩音喇叭等。

2.4.2 作业人员现场管理

应在施工班组深入开展班组安全生产标准化建设,设置班组安全员和安全协管员。班组长作为班组的直接管理人员,应发挥安全管理和协调能力,落实首件制,开展三检交接制。通过开展多样化的班组安全活动,结合班组奖惩与考核机制,提升班组自主安全管理能力,使相关人员在文化活动中不断地充实自我,提高安全意识、查找安全管理漏洞和安全防护能力。

施工班组作业中,应做好以下工作(图2-4):

(1)班前自查:个人安全防护、设备安全状态、作业环境良好。

(2)班前交底:风险源告知、施工要点说明。

(3)班中巡查:违章作业、安全防护、个人状态。

(4)班后清理:清理工作现场。

(5)班后小结:当日质量安全工作情况总结。

a)班前自查　　　　　　b)班前交底　　　　　　c)班中巡查

d)班后清理　　　　　　　　e)班后小结

图2-4　班组管理

2.4.3　特种作业持证上岗

(1)电工、电焊工、气割工等人员应具备特种作业证。

(2)起重机、登高车、桥检车等操作人员应具备相应的特种设备操作证。

2.5　专项施工方案

2.5.1　专项施工方案建议清单

常见需编制专项施工方案的机电工程施工作业见表2-2。

常见需编制专项施工方案的机电工程施工作业 表2-2

序号	常见施工作业	需编制专项施工方案	需专家论证、审查
1	高杆灯等大型设备基础、消防水池等施工作业	开挖深度超过3m(含3m)的基坑(槽)的土方开挖工程；开挖深度虽未超过3m，但地质条件、周围环境和地下管线复杂，或影响毗邻建、构筑物安全的基坑(槽)的土方开挖工程	开挖深度超过5m(含5m)的基坑(槽)的土方开挖工程须组织专家审查
2	门架吊装作业	采用起重机械进行安装的工程	涉及二级及以上公路吊装作业
	隧道风机安装作业	采用非常规起重设备、方法，且单件起吊重量在10kN及以上的起重吊装工程	—
3	隧道登高作业	高度超过5m(含5m)的支架、脚手架、操作平台等施工工程	—
4	桥梁外侧吊篮、挂篮、支架、管道、接线等作业	使用高处作业吊(挂)篮进行施工作业	—
	跨越水面桥梁的外挂管道安装作业	桥梁位于江河湖海等水上各类桥梁护栏外侧的施工作业	在三级及以上通航等级的航道上进行水上施工
	跨越公路、航道的桥梁外挂管道安装作业	可能影响桥下或周边行人、交通的施工作业	
5	占路施工作业	在已经开通的道路上进行占路(道路红线范围)施工或维护作业	—
	邻近或跨(穿)越重要军用、民用光电缆、输油(气)管道的管道、线缆敷设(含顶管)或开挖作业	可能影响行人、交通、电力设施、通信设施或其他建、构筑物安全的施工、拆除等作业	容易引起有毒有害气(液)体或粉尘扩散、易燃易爆事故发生的施工、拆除作业

续上表

序号	常见施工作业	需编制专项施工方案	需专家论证、审查
6	进入梁体、索塔、墩台以及隧道风洞等构造物有限空间作业	在密闭或狭窄(小)空间使用燃油发电机、开展镀锌件电焊作业等,产生有毒有害气体、烟雾(含交叉作业中相关方产生的);	—
	进入深度≥1.2m 的缆沟、人孔(井)、集水井、柴(汽)油发电机房或隧道内变电房、风机房等有限空间作业	进入长久密闭的通信电力穿线人孔(井)、缆沟、集水井、柴(汽)油发电机房、隧道内变电房、风机房等限制空间内进行检修、施工作业	
7	新技术、新工艺、新材料、新设备应用	采用新技术、新工艺、新材料、新设备可能影响工程施工安全,尚无国家、行业及地方技术标准的分部分项工程	—

2.5.2 专项施工方案实施

(1)施工单位方案编制人员或项目技术负责人应当向现场管理人员和作业人员进行安全技术交底。

(2)施工单位应当指定专人对专项施工方案实施情况进行现场监督和按规定进行监测。施工单位技术负责人应当定期巡查专项施工方案实施情况。

(3)在检查巡视中发现问题时,应当责令整改并且立即采取有效安全防护措施;发现不按照专项施工方案施工的,应当要求其立即整改;发现有危及人身安全紧急情况的,应当立即组织作业人员撤离危险区域。

(4)对于按规定需要验收的危险性较大的分部分项工程,施工单位、监理单位应当组织有关人员进行验收。验收合格的,经施工单位项目技术负责人及项目总监理工程师签字后,方可进入下一道工序。

2.6 安全内业台账

2.6.1 内业台账清单

施工单位应建立施工安全管理内业资料台账,见表2-3。

施工安全管理内业资料清单　　　　　表2-3

序号	台账类别	台账内容	表格编号	填写说明	表格类型
1	安全保证体系台账	(1)安全管理目标和计划:项目部制定的安全管理方针及目标、安全管理方针及目标的措施文件、目标考核资料、目标实施方案等。	SG-AQ-01-01	本表用于施工单位报批安全生产保证体系、项目负责人月度带班生产计划、应急预案、平安工地创建等专项活动方案,"建设单位意见"栏无审查意见可不填	☆
		(2)安全生产管理机构:安全生产管理组织体系及职责分工、企业相关的证书(安全生产许可证)、安全生产领导小组、安全负责人任命文件、专业分包单位相关证书、应急保障组织等。	SG-AQ-01-02	本表用于登记施工单位已发文的各项安全生产管理制度	☆
		(3)安全管理制度文件:安全管理规章制度汇编、安全操作规程、安全管理文件等。	SG-AQ-01-03	本表用于收集、归档本单位及相关单位的安全生产管理文件	☆
		(4)安全生产责任书:建设单位与项目部、企业与项目部、项目部与专业分包单位、项目部与班组、项目部交叉施工单位之间等签订的安全责任书、各类安全生产合同、协议及汇总表等	SG-AQ-01-04	本表用来登记单位与单位(含公司与项目经理)签订的安全生产责任书;单位与个人签订的安全生产责任书归档到"一人一档"资料	★

续上表

序号	台账类别	台账内容	表格编号	填写说明	表格类型
2	施工人员管理台账	包括"三类人员"名册及证书复印件、特种作业人员名册及操作证复印件、施工人员名册、进场人员劳保用品发放记录等	SG-AQ-02-01	本表用于登记施工现场"三类人员",人员发生变化时随时更新,并向监理单位报审、向建设单位报备	★
			SG-AQ-02-02	本表用于施工单位对新进场人员开展上岗前公司级、项目部级、班组级安全教育,教育内容要与其从事岗位相符,登记后归档到"一人一档"资料	★
			SG-AQ-02-03	离岗六个月以上或者换岗再上岗的从业人员,在上岗前应针对其将从事岗位进行项目部级、班组级安全教育	★
			SG-AQ-02-04	本表用于登记特种(设备)作业人员,人员发生变化时随时更新,后按顺序附特种作业(特种设备操作)人员的身份证、资格证书等复印件	★

续上表

序号	台账类别	台账内容	表格编号	填写说明	表格类型
2	施工人员管理台账	包括"三类人员"名册及证书复印件、特种作业人员名册及操作证复印件、施工人员名册、进场人员劳保用品发放记录等	SG-AQ-02-05	本表用于登记施工单位所有从业人员，按部门或班组进行统计，人员发生变动时应及时更新，个人信息应填写完整，填写人员名单应与"一人一档"资料对应	★
			SG-AQ-02-06	本表用来登记施工单位班组或个人领用的安全帽、劳动防护服、安全带、安全网、劳保鞋、护目镜、电焊手套、安全绳、救生衣等防护用品	★
3	安全培训教育台账	(1)安全培训教育：安全教育培训计划、"一人一档"资料（新工人进场流程图、三级安全教育登记表、危险因素及防范措施告知、事故应急处置措施告知、安全考核考试试卷、岗位安全生产责任书、安全承诺书、转岗及返岗再教育登记表、劳动防护用品领用表、个人健康状况记录、员工相关证件、三级教育汇总等员工个人资料）、安全教育培训活动记录、各工种风险告知书等。 (2)安全交底：指针对岗位的安全交底	SG-AQ-03-01	本表用来记录施工单位安全操作规程和技能、事故案例、季节性安全教育培训活动，签到单、培训内容及影像资料应附后	☆
			SG-AQ-03-02	本表用于施工单位负责项目管理的技术人员实施技术交底，完成后归档至"一人一档"资料	☆

续上表

序号	台账类别	台账内容	表格编号	填写说明	表格类型
4	安全会议管理台账	包括安全会议记录(专项会议、月底会议、季度会议、半年度会议、年度会议等)、会议签到单等	SG-AQ-04-01	本表用于记录各项安全教育培训活动,写不下的可另附页,后附签到单、安全培训材料	★
			SG-AQ-04-02	本表在施工单位召开安全相关会议(教育培训)时使用,作为 SG-AQ-04-01 表(SG-AQ-03-01)的附件	★
5	安全风险管控台账	包括施工安全专项风险评估报告、危险性较大分部分项工程清单审核表、较大及以上施工安全风险分部分项工程登记备案表、安全风险分级动态监控表、消防器材及危险品使用登记表、施工组织设计、施工现场临时用电方案等	SG-AQ-05-01	本表应根据施工单位专项风险评估报告的风险评估结论填写;另根据实际情况,建设单位认为具有较大及以上施工风险的分部分项工程也应列入表中;报监理单位审查,建设单位备案	☆
			SG-AQ-05-02	本表应根据施工单位专项风险评估报告的风险评估结论全部填写危险性较大分部分项工程专项施工方案,并动态更新,"开工日期""完工日期"未发生时,按方案计划开工、完工日期填写,已发生的如实填写	☆
			SG-AQ-05-03	本表用于施工单位填写本合同段的分部分项工程较大及以上风险,经监理单位审核后报送建设单位,由建设单位汇总	☆
			SG-AQ-05-04	本表为动态登记表格,风险等级依据相关规定,划分为"重大、较大、一般、较小",应实时更新报送监理单位,由监理单位汇总	☆

续上表

序号	台账类别	台账内容	表格编号	填写说明	表格类型
5	安全风险管控台账	包括施工安全专项风险评估报告、危险性较大分部分项工程清单审核表、较大及以上施工安全风险分部分项工程登记备案表、安全风险分级动态监控表、消防器材及危险品使用登记表、施工组织设计、施工现场临时用电方案等	SG-AQ-05-05	本表用于施工单位的部门、班组及个人领用消防器材、化学危险品时登记,用于民用爆破的火工用品按公安部门要求另行登记	☆
			SG-AQ-05-06	本表用于施工单位专项施工方案单位内部审核;可由施工单位根据企业管理要求自行进行替换,但有关技术(质量)、材料、安全部门应参与审核	☆
			SG-AQ-05-07	本表用于施工单位专项施工方案(专项风险评估报告)报批,监理单位审批完成后报建设单位备案	☆
6	隐患排查治理台账	(1)安全检查:事故隐患检查、督查登记,事故隐患处理意见书,事故隐患整改反馈书,重大事故隐患登记、公示、验收报备等。(2)日常安全记录:安全员巡查记录(专职安全员每人一本)、电工检查维修记录(电工每人一本)、项目负责人施工现场带班生产工作记录等	SG-AQ-06-01	本表由施工单位安全管理人员登记,应将交通工程管理机构和建设、监理、施工单位在事故隐患整改意见书指出的事故隐患排查、整治情况进行汇总登记	★
			SG-AQ-06-02	本表用于施工单位对不能当场整改的事故隐患下发事故隐患处理意见书,要求立即整改,限期反馈	★
			SG-AQ-06-03	本表与SG-AQ-06-02表对应;由整改责任人填写,应对提出的事故隐患逐条反馈,反馈主要内容应包括事故隐患产生原因、整改责任人、整改措施及整改完成情况等;组织检查的人员或下发隐患处理意见书的人员应对整改情况进行复查,填写复查情况并报项目分管领导或项目经理签字	★

续上表

序号	台账类别	台账内容	表格编号	填写说明	表格类型
6	隐患排查治理台账	（1）安全检查：事故隐患检查、督查登记，事故隐患处理意见书，事故隐患整改反馈书，重大事故隐患登记、公示、验收报备等。 （2）日常安全记录：安全员巡查记录（专职安全员每人一本）、电工检查维修记录（电工每人一本）、项目负责人施工现场带班生产工作记录等	SG-AQ-06-04	本表用于记录施工单位组织的综合安全检查、专项安全检查、定期安全检查、不定期安全检查等；检查中发现的符合及不符合法规的内容均需要记录；本记录表不需要回复，对检查出的安全问题应另行下发整改文件	★
			SG-AQ-06-05	本表由施工单位填写，表后附专项治理方案，报监理单位审查	☆
			SG-AQ-06-06	本表填写内容需要经监理单位审查，应在施工现场以标牌形式公示（标牌大小：50cm×70cm）	☆
			SG-AQ-06-07	本表由施工单位项目主要负责人签字确认后及时向监理单位、建设单位报备	☆
			SG-AQ-06-08	本表由施工单位填写上报，监理单位、建设单位核验，签完核验意见后由建设单位及时向交通工程管理机构提出销号申请报告，后附隐患整改报告、整改验收报告等内容	☆
			SG-AQ-06-09	施工单位在重大事故隐患治理完成后填写本表，监理单位现场验收后签署审查意见；此表应报备建设单位	☆
			SG-AQ-06-10	本表用于报告重大事故隐患治理验收情况，由施工单位填写，由监理、建设单位验收，并报至交通工程管理机构	☆

续上表

序号	台账类别	台账内容	表格编号	填写说明	表格类型
6	隐患排查治理台账	(1)安全检查:事故隐患检查、督查登记,事故隐患处理意见书,事故隐患整改反馈书,重大事故隐患登记、公示、验收报备等。(2)日常安全记录:安全员巡查记录(专职安全员每人一本)、电工检查维修记录(电工每人一本)、项目负责人施工现场带班生产工作记录等	SG-AQ-06-11	本表用于记录施工单位安全巡查情况,由安全管理人员填写,安全负责人需及时审查并签字	★
6	隐患排查治理台账		SG-AQ-06-12	本表用于记录临时用电检查、维保情况,由施工单位电工定期填写	★
6	隐患排查治理台账		SG-AQ-06-13	本表项目负责人是指施工单位项目经理、项目副经理、项目总工等项目班子成员,设立安全总监岗位的,同时包括安全总监;施工期间,应每日填写本表	☆
7	机械设备管理台账	包括机械设备进场计划、机械设备清单、"一机一档"资料[大型/特种设备进场验收登记表、大临设施/安全设施验收记录、进场验收记录(产品质量合格证明、安装单位资质、安装拆卸方案、安装及使用维修说明、监督检验合格证明、使用登记证、起重设备试吊记录、现场检查验收记录等)、定期检修及维护记录,退场记录、设备照片等]等	SG-AQ-07-01	本表用于记录施工单位大型/特种设备管理情况,由机械、设备管理人员动态登记,停用或已拆除设备在备注栏注明,后按顺序附设备出厂合格证明、验收检测资料等	★
7	机械设备管理台账		SG-AQ-07-02	本表由施工单位验收时填写,使用单位、安装单位、出租单位(租赁设备)验收人应签字并盖单位公章,后附验收附件	★
7	机械设备管理台账		SG-AQ-07-03	本表用于记录施工单位大型/特种设备定期检查、维修情况,由机械、设备管理人员登记	★
7	机械设备管理台账		SG-AQ-07-04	本表用于大型/特种设备投入使用检查	☆
7	机械设备管理台账		SG-AQ-07-05	本表用于高大支架、脚手架、安全通道、安全吊挂平台、高空检修平台、高空张拉操作平台等安全设施、安全防护用具以及临建驻地等大临设施的使用前安全检查验收,写不下时可另附页	☆

续上表

序号	台账类别	台账内容	表格编号	填写说明	表格类型
8	安全费用管理台账	包括安全生产费用使用计划、安全生产费用使用登记、安全生产使用计取审批及相关凭据等	SG-AQ-08-01	本表年度计划需要报建设单位审批;月度计划经监理单位审批完成后,报建设单位备案即可	☆
			SG-AQ-08-02	本表用于记录安全生产费用使用情况,后附相关付款凭证、发票、发货清单、影像资料等凭据复印件	☆
			SG-AQ-08-03	建设、监理单位可根据企业管理模式对审批程序进行适当调整,但不得违背基本程序	☆
			SG-AQ-08-04	本表用于施工单位汇总统计安全生产费计量情况,应予以动态更新	☆
9	应急救援管理台账	包括生产安全事故应急预案登记备案(综合应急预案、专项应急预案、现场处置方案)、应急预案演练计划、演练记录评价总结,主要应急救援器材、设备、物资清单等	SG-AQ-09-01	此表用于应急预案登记,后附应急预案审批表和应急预案	★
			SG-AQ-09-02	本表用于施工单位登记应急预案演练,后附演练工作方案、演练脚本、演练总结评价等	★
			SG-AQ-09-03	本清单应包括施工单位及其分包单位的救援器材、设备和物资,同时需要进行经常性维护、修理和更新;清单物品应包括应急预案所列应急物品,并与实际相符	★

续上表

序号	台账类别	台账内容	表格编号	填写说明	表格类型
10	生产安全事故台账	包括工程安全事故快报表、安全事故情况记录表等	SG-AQ-10-01	本表为动态快报表,应当在1h内报送给事故发生地县级以上人民政府安全生产监督管理部门和负有安全生产监督管理职责的有关部门;内容有变动的应及时更新填报	☆
			SG-AQ-10-02	本表由事故单位填写,事故发生的时间、地点、经过、伤亡情况、处理情况应如实填写,事故原因填写初步分析原因,赶赴现场人员为救援、医疗、技术支持、警戒、善后等人员	☆
11	平安工地管理台账	平安工地创建方案审查记录、工程项目开工前安全生产条件审查记录、危险性较大的分部分项工程施工前安全生产条件审核记录、平安工地建设情况自查自纠月报表、平安工地考核季度评价记录表	SG-AQ-11-01	本表由施工单位登记汇总;应每月开展一次平安工地建设情况自查自纠,每季度开展一次自我评价,及时改进安全管理中的薄弱环节和突出问题,施工单位自我评价报告应当报监理单位;月度、季度考核评价应在本表登记	☆
12	其他台账	包括安全施工月报、各类安全报表、安全专项活动资料、汇报资料、保险资料(建筑工程一切险及第三责任险、团体意外伤害险、安全责任险等项目购买的保险资料)	SG-AQ-12-01	本表由施工单位安全负责人填写,项目经理审查,每月定期随"工程月报"报建设、监理单位	★

注:★表示电子或纸质台账均可,☆表示暂时只支持纸质台账。

2.6.2 安全生产管理制度汇编

施工单位主要安全生产管理制度见表2-4。

施工单位主要安全生产管理制度一览表　　　表2-4

制度名称	制度内容
安全生产会议制度	安全生产会议分领导小组会议、安全例会和安全生产专题会等形式,会议制度应当包括制度适用范围、职责和工作程序,重点明确会议频次、参会人员、讨论议题、会议签到、会议记录和纪要等
安全生产责任制及考核制度	安全生产责任制及考核制度应当明确施工单位项目部各层级之间、施工单位与分包单位之间所签订的安全生产责任书(或安全合同)的内容、签订频次、履行情况考核、奖惩等内容,是安全生产责任体系的重要载体
安全生产专项费用管理制度	安全生产专项费用管理制度应当明确项目安全生产专项费用适用范围、费用年度计划、费用支取申报程序与阶段、会计科目及票据、形成的固定资产管理等内容
安全生产检查评价制度	安全生产检查评价制度应当明确检查考核的目的、要求、依据、责任、标准、形式、内容、频次、整改以及"平安工地"自查自评价等内容
安全事故隐患排查治理制度	安全事故隐患排查治理制度应当明确工程项目安全事故隐患分级管理、一般安全事故隐患排查方式、治理措施和责任分工,重大安全事故隐患治理方案、时限、措施、资金和责任人等内容
安全生产教育培训制度	安全生产教育培训制度应当明确施工从业人员岗位培训内容、学时、频次和考核等内容。培训对象应当包括施工现场管理人员、技术人员、特种作业人员、一般作业人员和分包单位人员,培训内容应当包括安全意识、安全知识和安全技能等
施工安全技术交底制度	施工安全技术交底制度应当明确分级、分专业、分岗位交底的程序、内容等内容
施工安全风险管理制度	施工安全风险管理制度应当明确施工现场危险作业环境和重大风险源辨识、分析、估测和评估结论审核等管理程序、职责分工,以及重大风险预警预控和书面告知等内容

续上表

制度名称	制度内容
安全生产应急预案	安全生产应急预案明确预案编制、审核的程序要求,预案构成的主要要素,应急处置组织,应急演练培训,方案评审改进等内容
劳动防护用品配备和管理制度	劳动防护用品配备和管理制度应当明确安全防护用品的采购、验收、发放登记、使用等内容
施工现场消防安全责任制度	施工现场消防安全责任制度应当明确施工现场消防安全责任分工、责任区域划分、器材配备台账、检查维护记录,消防器材管理等内容
危险品安全管理制度	危险品安全管理制度应当明确施工现场用火、用电、使用危险品等的消防安全管理程序和要求和责任分工,以及作业人员资格要求、危险品管理台账记录等内容。 注:若项目涉及危险品,应按此执行
协作单位安全管理制度	协作单位安全管理制度应当明确施工协作单位的管理台账、考核方式等内容
特种作业人员管理制度	特种作业人员管理制度应当明确特种作业人员的进场考核、岗前培训、继续教育、人员登记台账等内容
安全生产奖罚制度	安全生产奖罚制度应当明确安全生产奖励、处罚的条件及方式,以及结果的运用等内容
施工单位项目部主要负责人带班制度	施工单位项目部主要负责人带班制度应当明确项目主要负责人带班生产、检查的工作计划、内容与时间要求、管理程序与内业资料等内容
施工作业操作规程	施工作业操作规程应当明确施工各工序、工种的具体操作要领、培训要求、规程流转管理等内容
危大工程管理制度	危大工程管理制度应当明确危大工程范围、编制的主要内容及审批程序等内容

2.7 安全生产费用

(1)应按照国家相关要求的比例进行计提和使用。

(2)安全生产费用的计量与支付应按照施工单位申报、监理单位审查、建设单位审批支付的程序实施。

（3）安全生产费用应与施工进度相匹配，定期计量与支付，并应以现场计量为依据。

（4）安全生产费用计量应由施工单位制定计量报表、计价清单，并附有安全生产费用投入使用的相关书面证实材料。监理单位应及时审查相关资料。

（5）施工总承包单位依法对部分工程进行专业分包时，分包合同中应明确专业分包工程安全生产费用及支付条款，根据分包单位的投入使用情况专款专用，及时支付。

（6）工程发生重大设计变更，合同总金额发生较大变化的，应按合同中安全生产费用变更的相关约定处理。若合同无相关约定，应由施工单位与建设单位协商解决。

（7）安全生产费用应做到专款专用，按照"投入多少支付多少"的原则实施，当施工单位实际投入少于投标时安全生产费用报价时，经监理单位核实，余额部分应当不予支付。

3

工艺篇

3.1 管道施工

3.1.1 通信管道施工

3.1.1.1 适用范围

通信管道适用于公路机电工程,包括监控、通信、收费、供配电、照明、通风系统等分部分项工程。

3.1.1.2 施工条件

(1)土建路基工程已完工,绿化工程之前,具备行车条件。

(2)管道施工前,应与护栏施工单位沟通,确定护栏位置,应清除施工范围内妨碍施工的杂物。

3.1.1.3 工艺流程

通信管道施工工艺流程如图3-1所示。

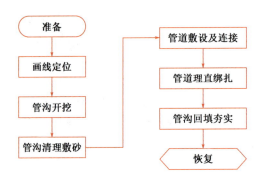

图3-1 通信管道施工工艺流程图

3.1.1.4 质量管控要点

(1)通信管道的型号规格、管群断面组合应符合设计要求。

(2)通信管道敷设与安装应符合相关技术规范要求。

(3)各种材质的通信管道,管顶至路面的埋设深度应符合设计要求。

(4)管道进入建筑物或人(手)孔处的管堵头符合要求,密封良好。

(5)通过桥梁或其他构造物时采用的通信管道安装牢固、排列整齐有序,管道接续过渡圆滑、密封良好。

通信管道施工现场如图3-2所示。

图3-2　通信管道施工现场图

3.1.1.5　注意事项

(1)管道沟开挖要顺直,不得有蛇形弯,沟底应平整,不得呈波浪形,在坡、沟开挖时要缓慢放坡。

(2)硅芯管应按设计色谱的排列顺序分组或分层排放,每隔2m捆绑一次。

(3)敷设的硅管应无扭绞、缠绕、死弯、环扣等现象。

(4)硅芯管应将两端管口严密封堵,严禁水、土等杂物进入管内。

(5)为保证气流敷设光缆时辅助塑料管的连接良好,硅芯管端口在人(手)孔内应有足够的余留长度。

(6)回填时先回填100mm细土或沙土。管道顶部30cm以内及靠近管道两侧的回填土,不应含有直径大于5cm的砾石、碎砖等坚硬物。

3.1.2　电力管道施工

3.1.2.1　适用范围

电力管道适用于公路机电工程,包括监控、通信、收费、供配电、照明、通风系统等分部分项工程。

3.1.2.2　施工条件

(1)土建路基工程已完工,具备行车条件。

(2)边坡、水沟已经形成。

(3)管道施工前,应清除施工范围内妨碍施工的杂物。

3.1.2.3 工艺流程

电力管道施工工艺流程如图3-3所示。

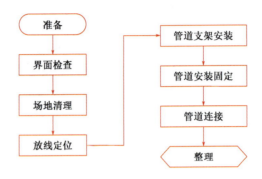

图3-3 电力管道施工工艺流程图

3.1.2.4 质量管控要点

(1)管道两端面应平整并与其轴线相互垂直。

(2)内外管壁应平直圆滑。

电力管道施工现场如图3-4所示。

图3-4 电力管道施工现场图

3.1.2.5 注意事项

(1)不使用不等径的钢管进行接续。

(2)管材的内径负偏差不大于1mm,管孔内壁光滑、无节疤、无裂缝。

(3)钢管接续前,检查端口无毛刺、断牙、缺口等,以免损伤光(电)缆,可将管口磨圆或锉成坡边,保证光滑无棱。

(4)钢管接续时采用定制接头,接头内径与钢管外径一致或略大,对接钢管伸进接头长的1/3以上,接头缝隙满焊。

3.2 管箱施工

3.2.1 适用范围

管箱适用于公路机电工程,包括监控、通信、收费、供配电、照明、通风系统等分部分项工程。

3.2.2 施工条件

(1)桥梁土建工程已基本完工,具备行车条件。

(2)管道施工前,应清除施工范围内妨碍施工的杂物。

3.2.3 工艺流程

管箱施工工艺流程如图3-5所示。

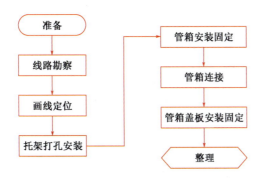

图3-5 管箱施工工艺流程图

3.2.4 质量管控要点

管箱施工完后,整体平顺、高度一致。

管箱施工现场如图3-6所示。

图 3-6　管箱施工现场图

3.2.5　注意事项

（1）打孔安装管箱托架时，如打到护栏钢筋，使膨胀螺栓安装深度不够，可适当调节后换个位置重打孔，但原孔要用玻璃胶或混凝土封好，防止雨水流进孔内腐蚀钢筋。

（2）管箱接驳间距不宜过大，应控制在 5mm 内。

（3）管箱盖板密实，一节管箱盖至少安装 6 颗螺栓固定。

（4）管箱施工完后，整体平顺、高度一致。

3.3　线缆施工

3.3.1　适用范围

线缆适用于公路机电工程，包括监控、通信、收费、供配电、照明、通风系统等分部分项工程。

3.3.2　施工条件

（1）在光电缆线路上无可能使线缆受到机械性损伤、化学作用的地下电流、振动、热影响、腐殖物质、虫鼠等危害。

(2)不同回路、不同电压等级以及交流与直流线路的绝缘导线不应穿于同一导管内。

(3)在光电缆敷设前,必须核对光电缆占用的管孔位置,先对管道进行疏通、清理,并复核路由走向、敷设方式、环境条件以及接续点具体位置。

(4)光电缆施工前,应检查公路干线管道及各进局分支管道,确保各管孔管道畅通、无阻塞,井内无杂物,井盖无缺损,未使用的管道有封堵。

(5)采用气吹法敷设的,应检查管道的密封性。

3.3.3 工艺流程

穿管敷设工艺流程如图3-7所示。

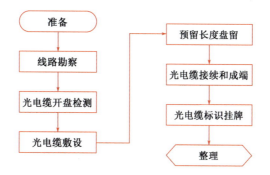

图3-7 穿管敷设工艺流程图

直埋敷设工艺流程如图3-8所示。

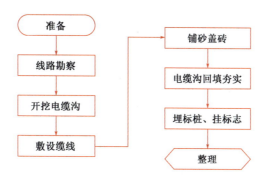

图3-8 直埋敷设工艺流程图

3.3.4 质量管控要点

(1)线缆的型号规格、数量应符合相关技术规范的要求。

(2)线缆的敷设、接续、预留集成端等应符合相关技术规范的要求。

(3)线缆绑扎应牢靠,松紧适度、紧密,绑扎线扣均匀、整齐、一致。

(4)线缆路由正确、保护措施得当、排列整齐、绑扎牢固、预留长度符合规定、标识正确清楚。

(5)槽道、托架内线缆应顺直,无明显扭绞和交叉,不溢出槽道,不侧翻,拐弯适度,进出槽道、托架应绑扎整齐。

(6)高压电缆敷设的脚手架搭设符合规程、牢固可靠;管道路由验收合格,其内部杂物清理干净。

(7)根据规划的线缆路由图,结合现场实际情况安排部署人员,在电缆的起点和终点或者关键部位上安排专业电工操作,由专业技术人员现场统一指挥。

(8)高压电缆敷设应根据现场情况,将电缆盘支放在10kV高压配电室附近,电缆桥架每间隔3~4m布置一个水平电缆放线滑轮,弯道上固定一个转弯电缆放线滑车,调高处固定一个调高滑车(WX-150型)。

(9)电缆敷设采用滑轮牵引、逐级敷设方式。电缆的牵引可分两级或多级牵引,由一根牵引绳做主牵引,控制电缆的主方向,根据现场情况,可增加副牵引。

(10)线缆敷设到位后,应做好成品保护并编号,线缆端头应做密封处理,防止线缆受潮。

3.3.5 注意事项

(1)线缆到现场后,线缆堆放区域10m内无明火或易燃易爆物。

(2)施工敷设中,应避免光缆受到外界的冲击力和重物碾压,不得使光缆变形或光纤受损。光缆敷设施工现场如图3-9所示。

图 3-9　光缆敷设施工现场图

（3）搬运线缆时，不应使线缆松散及受伤，线缆盘应按缆盘上箭头所指方向滚动。

（4）线缆采用人工牵引搬运，搬运人员要站在线缆的同一侧。线缆搬运时一定要听统一号令，步伐要统一，速度要均匀，严禁奔跑。垂直运输时，线缆的前端要有绳索牵引，以防止线缆突然坠落伤人。

（5）展放过程中，要用放线架顺直展放，杜绝使线缆产生扭劲。每一处工作人员应严密监视线缆敷设情况，一旦有问题应立即停止牵引，并报告指挥、技术人员，待问题处理后，才能继续展放。

（6）电缆敷设时，应防止电缆之间及电缆与其他硬物之间的摩擦。

（7）线缆不应有绞拧、铠装压扁、护层断裂和表面严重划伤等缺损。严禁敷设有明显机械损伤的线缆。

（8）线缆敷设完毕，应组织人力进行整理、固定。线缆弯曲半径不小于线缆直径10倍。

（9）在箱室等光线不足的环境下，要有足够的照明，高处作业必须配备和准确使用安全带。

（10）若采用气吹法敷设，吹缆过程中管道的末端必须设专人看护，且看护人不得面对塑料管道的出气孔，并与之保持一定的安全距离。严禁人员滞留在塑料管道末端的人孔中，以防塑料管内润滑海绵塞、气封活塞及光缆头等吹出伤人。

(11)若使用人工牵拉敷设光缆,井口应放置橡皮垫,管口应安放筒瓦,以防光缆护套在敷设过程中受到损伤。人工牵拉敷设光缆施工现场如图3-10所示。

图3-10　人工牵拉敷设光缆施工现场图

(12)线缆敷设时,线缆应从盘的上端引出,不应使线缆在支架上及地面摩擦拖拉。线缆上不得有铠装压扁、电缆绞拧、护层折裂等未消除的机械损伤。

(13)垂直敷设或超过30°倾斜敷设的线缆应在每个支架上固定牢固;水平敷设的线缆,应在线缆首末两端及转弯、线缆接头的两端处固定牢固;当对电缆间距有要求时,每隔5~10m应固定牢固。

(14)线缆进入电缆沟、隧道、竖井、建筑物、盘(柜)以及穿入管道时,出入口应封闭,管口应密封。

(15)采用直埋方式敷设时,线缆表面距地面的距离一般不小于0.7m。

(16)直埋线缆回填土前,应经隐蔽工程验收合格。回填土应分层夯实。直埋线缆的上、下部应铺以不小于100mm厚的软土或沙层,并应加盖保护板,其覆盖宽度应超过线缆两侧各50mm,保护板可采用混凝土盖板。软土或砂子中不应有石块或其他硬质杂物。

(17)直埋线缆在直线段每隔50~100m处、线缆接头处、转弯处、进入建筑物等处,应设置明显的方位标志或标桩。直埋电缆、高压电缆施工现场分别如图3-11和图3-12所示。

图 3-11 直埋电缆施工现场图

图 3-12 高压电缆施工现场图

(18)应防止在潮湿以及灰尘多的环境下进行光缆接续。光缆接续应连续作业,当日无法完成的光缆接头应采取保护措施,不得让光缆受潮。

(19)在人井、手孔、光缆接头盒、光缆终端盒、拐弯处、交叉处、分支处、机柜进线处、光纤配线架(ODF)等位置的光缆均应设标志牌;标志牌应有编号、起点、终点和规格型号等内容。

3.4 设备基础施工

3.4.1 适用范围

设备基础适用于公路机电工程,包括监控、通信、收费、供配电、照明、通风系统等分部分项工程。

3.4.2 施工条件

(1)土建路基工程已完工,具备行车条件。

(2)边坡、水沟已经形成。

3.4.3 工艺流程

设备基础施工工艺流程如图3-13所示。

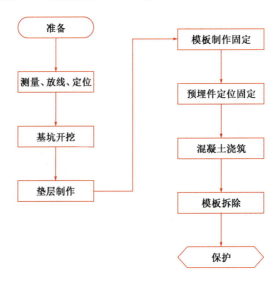

图3-13 设备基础施工工艺流程图

3.4.4 质量管控要点

外场设备基础表面的蜂窝、麻面、裂缝等缺陷面积不超过该面面积的1%,深度不超过10mm,损边、掉角的长度不超过20mm,裸露金属基体的锈蚀面积不大于$1cm^2$。

3.4.5 注意事项

(1)基础制作时应参照附近地形控制好高程,防止积水,一般规定基础高度应比地面高5~10cm。设备基础施工现场如图3-14~图3-16所示。

图 3-14 设备基础施工现场图(一)

图 3-15 设备基础施工现场图(二)

图 3-16 设备基础施工现场图(三)

(2)预埋件地脚螺栓应与钢筋笼固定,防止浇筑时移位,螺纹处应做好防护,以防止锈蚀和混凝土污染。

(3)模板材料必须坚固、平滑,模板支撑必须牢固,以防浇筑时变形。

(4)按照图纸要求定位钢筋笼、地脚螺栓、法兰盘和线缆管道,法兰螺栓定位误差应严格控制在2mm以内,预埋件严格控制垂直度和水平度。

(5)混凝土应搅拌振动均匀,连续浇筑一次成型,严禁有夹层和断裂。

(6)现场所有设备安装完后,对施工现场进行清理恢复,并注意在投入使用前对成品进行保护。

3.5 外场设备施工

3.5.1 门架式设备

3.5.1.1 适用范围

门架式设备适用于公路机电工程,包括收费、监控系统等分部分项工程,如主线电子不停车收费(ETC)门架系统、门架式可变情报板、信息标志、卡口系统、测速系统等。

3.5.1.2 施工条件

(1)土建路基工程已完工,具备行车条件。

(2)安装位置确保无强电、强磁和强腐蚀性设备的干扰。

(3)设备基础已经按要求制作完毕,养护期达到要求。

(4)检查预埋地脚螺栓、法兰盘,对裸露部分进行除锈。

(5)复核地脚螺栓尺寸公差是否符合要求,对地脚螺栓的螺纹进行清理,可用配套板牙进行套丝。

(6)清理基础表面,用水平尺测量基础水平度,根据公差预先准备楔铁。

(7)设备基础预埋管道要求焊接牢固,无直角弯,管口平滑无毛刺,管内穿有引线。

(8)预埋管道的数量、材质、直径、路由等符合要求,且畅通无阻塞。

3.5.1.3 工艺流程

门架式设备施工工艺流程如图3-17所示。

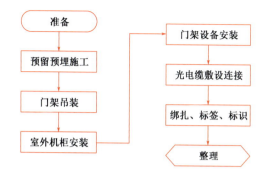

图3-17　门架式设备施工工艺流程图

3.5.1.4　质量管控要点

(1)设备及配件的型号规格、数量应符合要求,部件完整。

(2)设备安装结构应稳定。

(3)板面安装的方位、角度、高度应符合设计要求,门架的形式和结构应符合设计要求。

(4)全部设备安装调试完毕,应处于正常工作状态。

门架式设备效果图如图3-18所示。

图3-18　门架式设备效果图

3.5.1.5　注意事项

(1)高速公路门架式设备的净空高度要求不低于5.5m,普通公路门架式设备的净空高度要求不低于5.0m。

(2)完成立柱垂直度的调整后(在立柱底板与预埋钢板间隙垫紧钢片),须采用"平垫+弹簧片+螺母或双螺母"的方式固定,并做好相应的防锈处理。

(3)立柱支架和设备机箱表面不应有涂层剥落或表面划痕锈蚀。

(4)设备金属机箱与接地线应可靠连接,设备机箱进出线管与箱体处应有效密封。

(5)设备机箱内线缆应排列整齐、连接可靠,应有标识和接线图。设备机箱内部整洁,不应有粉尘、杂物、积水。

(6)现场所有设备安装完后,对施工现场进行清理恢复,并注意在投入使用前对成品进行保护。

门架式设备施工现场如图3-19所示。

图3-19 门架式设备施工现场图

3.5.2 悬臂式设备

3.5.2.1 适用范围

悬臂式设备适用于公路机电工程，包括收费、监控系统等分部分项工程，如匝道ETC系统、悬臂式可变情报板、信息标志、卡口系统、测速系统等。

3.5.2.2 施工条件

（1）土建路基工程已完工，具备行车条件。

（2）安装位置确保无强电、强磁和强腐蚀性设备的干扰。

（3）设备基础已经按要求制作完毕，养护期达到要求。

（4）检查预埋地脚螺栓、法兰盘，对裸露部分进行除锈。

（5）复核地脚螺栓尺寸公差是否符合要求，对地脚螺栓的螺纹进行清理，可用配套板牙进行套丝。

（6）清理基础表面，用水平尺测量基础水平度，根据公差预先准备楔铁。

（7）设备基础预埋管道要求焊接牢固，无直角弯，管口平滑无毛刺，管内穿有引线。

（8）预埋管道数量、材质、直径、路由等符合要求，且畅通无阻塞。

3.5.2.3 工艺流程

悬臂式设备施工工艺流程如图3-20所示。

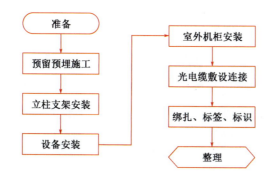

图3-20 悬臂式设备施工工艺流程图

3.5.2.4 质量管控要点

(1)设备及配件的型号规格、数量应符合要求,部件完整。

(2)设备安装结构应稳定。

(3)板面安装方位、角度、高度应符合设计要求,悬臂与立柱的形式和结构应符合设计要求。

(4)全部设备安装调试完毕,应处于正常工作状态。

3.5.2.5 注意事项

(1)高速公路悬臂式设备的净空高度要求不低于5.5m,普通公路悬臂式设备的净空高度要求不低于5.0m。

(2)完成立柱垂直度的调整后(在立柱底板与预埋钢板间隙垫紧钢片),须采用"平垫+弹簧片+螺母或双螺母"的方式固定,并应做好相应的防锈处理。

(3)立柱支架和设备机箱表面不应有涂层剥落或表面划痕锈蚀。

(4)设备金属机箱与接地线应可靠连接,设备机箱进出线管与箱体处应有效密封。

(5)设备机箱内线缆应排列整齐、连接可靠,应有标识和接线图。设备机箱内部整洁,不应有粉尘、杂物、积水。

(6)现场所有设备安装完后,对施工现场进行清理恢复,并注意在投入使用前对成品进行保护。

悬臂式设备施工现场如图3-21和图3-22所示。

图3-21 悬臂式设备施工现场图(一)

图 3-22 悬臂式设备施工现场图(二)

3.5.3 监测设备

3.5.3.1 适用范围

监测设备适用于公路机电工程,包括监控系统、收费等分部分项工程,如路侧摄像机、车辆检测器、气象检测器、环境检测器、广场摄像机等。

3.5.3.2 施工条件

(1)土建路基工程已完工,具备行车条件。

(2)安装位置确保无强电、强磁和强腐蚀性设备的干扰。

(3)设备基础已经按要求制作完毕,养护期达到要求。

(4)检查预埋地脚螺栓、法兰盘,对裸露部分进行除锈。

(5)复核地脚螺栓尺寸公差是否符合要求,对地脚螺栓的螺纹进行清理,可用配套板牙进行套丝。

(6)清理基础表面,用水平尺测量基础水平度,根据公差预先准备楔铁。

(7)设备基础预埋管道要求焊接牢固,无直角弯,管口平滑无毛刺,管内穿有引线。

(8)预埋管道数量、材质、直径、路由等符合要求,且畅通无阻塞。

3.5.3.3 工艺流程

监测设备施工工艺流程如图 3-23 所示。

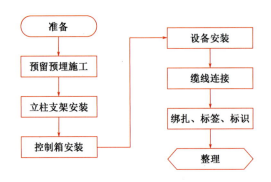

图 3-23　监测设备施工工艺流程图

3.5.3.4　质量管控要点

(1)设备及配件的型号规格、数量符合要求,部件完整。

(2)检测器、摄像机(云台)安装高度、方位和尺寸符合设计要求,检测区域正确,设备及支架安装结构稳定,机箱外部完整,立柱安装竖直、牢固。

(3)设备安装调试完毕,处于正常工作状态。

(4)机箱内部元器件固定牢靠,线缆有标识和永久性接线图,机箱内无杂物、积水。

(5)机箱、立柱表面涂层剥落、表面锈蚀单处面积不大于$1cm^2$,总面积不大于$5cm^2$,单个划痕长度不大于5cm,划痕总长度不大于10cm。

(6)金属机箱与接地线可靠连接,进出线管与箱体连接处做密封处理。

3.5.3.5　注意事项

(1)杆体安装后,将平垫、弹簧垫和螺母依次套入膨胀螺栓,暂时不拧紧螺母。用吊线铅锤配合直尺(或水平尺)检测立柱杆体垂直度,如误差较大,需要使用垫铁垫入法兰之下,直至垂直度符合规范要求,然后彻底紧固螺母。

(2)完成立柱垂直度的调整后(在立柱底板与预埋钢板间隙垫紧钢片),须采用"平垫+弹簧片+螺母或双螺母"的方式固定,并做好相应的防锈处理。

（3）立柱支架和设备机箱表面不应有涂层剥落或表面划痕锈蚀。

（4）设备金属机箱与接地线应可靠连接，设备机箱进出线管与箱体处应有效密封。

（5）设备机箱内线缆应排列整齐、连接可靠，应有标识和接线图。设备机箱内部整洁，不应有粉尘、杂物、积水。

监测设备施工现场如图3-24和图3-25所示。

图3-24　监测设备施工现场图（一）

图3-25　监测设备施工现场图（二）

（6）接地必须符合规范要求，接地线引与接地极连接部分应做防腐处理。

（7）现场所有设备安装完毕后，对施工现场进行清理恢复，并注意在投入使用前对成品进行保护。

3.5.4 照明设备

3.5.4.1 适用范围

照明设备适用于公路机电工程,包括收费、隧道、照明系统等分部分项工程,如道路照明、广场照明、天棚照明、互通照明、隧道照明等。

3.5.4.2 施工条件

(1)土建路基工程已完工,具备行车条件。

(2)边坡、水沟已经形成。

(3)隧道结构工程基本完成;隧道内预留预埋完成,并满足要求;路基工程完工,具备行车条件。

(4)高杆灯施工前应对地质状况进行复核,以确认设计的基础能满足高杆灯的承重要求。

3.5.4.3 工艺流程

监测设备施工工艺流程如图3-26所示。

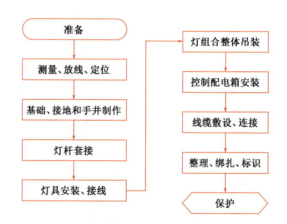

图3-26 监测设备施工工艺流程图

3.5.4.4 质量管控要点

(1)照明设备及配件的型号规格、数量应符合要求,部件完整。

(2)照明灯具安装支架的结构尺寸、预埋件、安装方位、安装间距等应符合设计要求。

(3)灯杆镀锌层表面应光滑美观,光泽一致,无皱皮、流坠及锌瘤、起皮、斑点、阴阳面等缺陷,锌层厚度满足要求。

(4)灯具的开启、发光、回路控制应满足要求。

(5)全部设备安装调试完毕,路段照明设施应处于正常工作状态。

3.5.4.5　注意事项

(1)灯杆焊缝必须平整光滑。灯杆套接方式采用穿钉加顶丝固定。

(2)灯杆安装的垂直度误差应控制在设计允许范围内。路灯安装高度(从光源到地面)、仰角、装灯方向宜保持一致。

(3)在灯臂、灯盘、灯杆内穿线不得有接头。

(4)灯杆安装垂直度误差应控制在允许范围内。

(5)灯具安装角度应保证照明范围符合要求。

(6)灯具的开启、发光、回路控制应满足要求。

照明设备施工现场如图3-27所示。

图　3-27

图 3-27　照明设备施工现场图

3.6　车道设备施工

3.6.1　适用范围

车道设备适用于公路机电工程收费系统,如收费车道、超限检测站和治超车道等。

3.6.2　施工条件

(1)收费岛土建工程完成并达到质量要求:收费岛内设备基础应平整,法兰盘、地脚螺栓等埋设应正确平直,符合要求;岛内设备基础、管道已完成,并完成试通,收费棚下无障碍物影响;车道设备基础预埋管道要求焊接牢固,无直角弯,管口平滑无毛刺,管内穿有引线。

(2)车道设备外观良好,无磕碰划伤。相关配件辅件配置齐全,满足要求。

(3)基础所在位置无其他脚手架、支架等障碍物,满足施工要求。

(4)收费天棚下无障碍物影响,收费天棚立柱及棚顶具备雨棚信号灯安装及穿线施工界面。在有雨棚灯立柱的收费车道,自收费亭下各引镀锌钢管至立柱顶端用于雨棚信号灯穿线使用,管孔直径满足雨棚信号灯供电电缆使用。

3.6.3　工艺流程

车道设备施工工艺流程如图 3-28 所示。

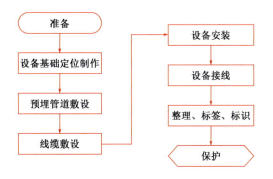

图 3-28　车道设备施工工艺流程图

3.6.4　质量管控要点

(1)光缆、电缆配线箱(架)安装端正、稳固,配件齐全;光缆、电缆接续箱(盒)安装牢固,密封良好。

(2)光缆、电缆线路应路由正确、缆线保护措施得当、排列整齐、绑扎牢固、预留长度符合规定、标识正确清楚。

(3)设备安装位置应符合要求,安装牢固且不侵入建筑限界,布局应合理,线路连接应正确且便于维修。

3.6.5　注意事项

(1)电缆敷设前,应核对各类线缆规格,并做临时标识,必要时进行检测,保证线缆无损伤。

(2)依据设计距离和实测数据裁剪电缆,电缆中间不应出现接头。

(3)线缆布放应合理、整齐,捆扎良好,无相互缠绕;接头牢靠、无松动。

(4)线缆布放后及时检查是否有损伤以及对应的待接设备是否正确,确认无误后进入下道工序。

(5)芯线取足长度截断,用剥线钳剥除端口绝缘层,按线缆规格选用冷压端子,用压线钳压接。

(6)及时检查网络、视频、音频的接头质量,不符合要求的坚决更换,因为接触不良极易造成数据、信号中断、丢失等故障现象,且维护排查工作量较大。

(7)线缆的开缆、热缩、成端及接续工序最好逐根线缆进行,这样可以有效避免多根线缆截断后没有临时标签而造成误接等现象。

(8)车道设备安装应一次性到位,在保证功能的前提下,做到车道设备安装得整体美观、整齐、牢固,接线稳固。车道设备安装后,外观无划痕、刻痕以及防护层剥落等缺陷。

(9)全部线缆接续完应及时检查确认,保证线缆全部到位且接续无误。

(10)对所有线缆整理并绑扎固定,将制作好的正式线缆标牌,分别用扎带悬挂于单独的线缆之上。线缆标志内容清晰明了,和线缆对应正确无误。

(11)箱体、门体等接地端子用导线压接铜线卡子进行连接紧固。

(12)施工完成后及时清理施工现场,恢复收费亭内卫生,并注意在投入使用前对成品进行保护。

车道设备施工现场如图3-29所示。

图3-29 车道设备施工现场图

3.7 收费亭及亭内设备施工

3.7.1 适用范围

收费亭及亭内设备适用于公路机电工程收费系统,如收费车道、治超车道的收费亭、亭内设备安装等。

3.7.2 施工条件

(1)收费岛基础的位置、尺寸、水平度、高程和质量符合要求。

(2)预埋管道数量、材质、直径、路由等符合要求,且畅通无阻塞。

(3)现场场地应有可容纳大型施工车辆或起重机进行吊装施工作业的安全区域。

3.7.3 工艺流程

收费亭施工工艺流程如图3-30所示。

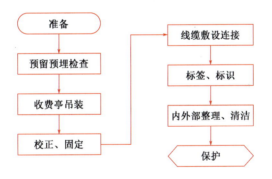

图3-30 收费亭施工工艺流程图

3.7.4 质量管控要点

(1)收费亭门体无变形,能正常开启和关闭,无异常响声,门锁正常。

(2)收费窗能正常开启和关闭,运动过程中无异常响声,锁扣正常。

(3)电气舱箱门能正常开启和关闭,运动过程中无异常响声,密封圈密封、完整,锁扣正常。

(4)抽屉推拉正常、顺畅,运动过程中无异常响声。

(5)设备安装位置应符合要求,安装稳固、端正,并便于维护。

(6)设备安装后,外观无划痕、刻痕以及防护层剥落等缺陷。

(7)设备及收费亭内布线整齐美观、固定可靠,并留有适当余量,标志清楚;地板下通道处应架设金属线槽或有保护套管。

(8)设备之间连接插头等部件要求连接可靠、紧密、到位、准确:固定螺钉等要求紧固、无松动。

(9)机箱内信号线、动力线及其接、插头明显区分,标志清楚,有永久性接线图。

3.7.5 注意事项

(1)吊装施工前,应编制专项施工方案。必须划出安全区,设警戒标志,并应有专人负责阻止闲人靠近工作区域。

(2)参与吊装的组织和施工人员必须具备现场拼装经验,佩戴安全帽,做好相关安全措施,起重机操作员必须具备特种作业操作证。

(3)收费亭安装前应按施工图和收费岛和车道的轴线或边缘线及高程线,划定安装的基准线。

(4)收费亭吊装前应对票亭的玻璃等位置进行保护。

(5)收费亭在吊装过程中,应进行人工稳定,防止产生大幅度旋转、摇摆等现象。上升和下降过程要缓慢和平稳,定位时更要注意人员间的配合。

(6)收费亭在收费岛定位后,应立即进行亭体的找平工作,通过承重骨架垫铁等方式,确保亭体处于水平状态。

(7)收费亭内设备的安装位置,应不妨碍收费员的正常操作,报警开关原则上应安装在隐蔽位置。

(8)现场所有设备安装完后,对施工现场进行清理恢复,并注意在投入使用前对成品进行保护。

收费亭施工现场如图3-31所示。

图 3-31 收费亭施工现场图

3.8 隧道消防设施施工

3.8.1 适用范围

隧道消防设施适用于公路机电工程隧道机电系统,如消防箱、消防水管、火灾检测系统等。

3.8.2 施工条件

(1)隧道结构工程基本完成;隧道内预留预埋完成,并满足要求;路基工程完工,具备行车条件。

(2)隧道装修瓷砖已完成,电缆沟施工完毕。

(3)在有车辆通行的区域进行施工时,应设置半封闭作业区,现场布置交通安全警示警告牌和交通锥隔离渠化设施。

(4)在隧道内施工,因隧道内灰尘较大、能见度低,应采用主动发光式安全警示标识,如发光二极管(LED)箭头灯、频闪梅花灯、回旋灯、爆闪灯、LED灯带等发光警示设施。

(5)施工作业人员进入施工作业区域应佩戴安全帽,并系好下颚扣,身着具有反光效果的工作服或反光背心;在无照明状态下的隧道内施工作业应着LED反光背心,并保持闪光状态。

(6)进行高处作业时应系好安全带,并做到高挂低用;在有尘环境下进行施工作业时应佩戴防护口罩。

3.8.3 消防管道安装

3.8.3.1 工艺流程

消防管道施工工艺流程如图3-32所示。

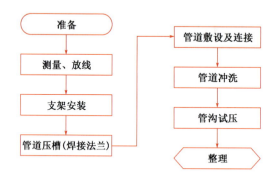

图3-32 消防管道施工工艺流程图

3.8.3.2 质量管控要点

(1)干管安装。

管道材料及连接采用热镀锌钢管,公称直径DN≤100mm时螺纹连接,DN＞100mm时沟槽卡箍式连接或法兰连接。无论何种连接方式,均不得减少管道的流通面积。

(2)螺纹连接。

管道应采用机械切割,切割面不得有飞边、毛刺。加工的管子螺纹封面应完整、光滑,不得有缺丝或断丝,尺寸偏差应符合标准要求。当管道变径时,应采用异径焊头;在螺纹连接的密封填料应均匀附着在管道的螺纹面上,拧紧螺纹时,不得将填料挤入管内。当填料采用麻丝时,应在附着在螺纹面的麻丝上涂抹白铅油,管道连接后清除麻头,并在接头处涂防锈漆。

(3)沟槽连接。

沟槽式管路连接系统是用压力响应式密封圈套入两连接钢管端部,

两片卡件包裹密封圈并卡入钢管沟槽,上紧两圆头椭圆颈螺栓,实现钢管密封连接。用电动滚槽机加工沟槽,沟槽宽度、深度按照生产厂家的要求进行加工。干管用沟槽连接,每根配管长度不宜超过6m,直管段可把几根连接在一起,使用倒链安装,但不宜过长。

(4)支管安装。

消火栓支管要以栓阀的坐标、高程定位甩口,消火栓支管采用丝接或沟槽连接。

(5)管道冲洗。

①消火栓在安装后应分段进行冲洗。冲洗的顺序应按干管、立管、支管进行。

②消火栓系统冲洗流量为14~25L/s,水冲洗流速应不小于3m/s,不得用海水或含有腐蚀性化学物质的溶液对系统进行冲洗。

③冲洗前,应对系统内的仪表采取保护措施,并将减压设备暂时拆下,待冲洗工作结束后随即复位。不允许冲洗的设备应与冲洗系统隔离。冲洗前应检查管道支、吊架的牢固程度,必要时应予以临时加固。

④对不能冲洗或冲洗后可能留存脏物、杂物的管道、设备,应采取其他方法进行清理。

⑤冲洗大直径管道时,应重点敲打焊缝、死角和管道底部,但不得损伤管子。

⑥冲洗到进、出水色泽一致为合格。管道冲洗合格后,除规定的检查及恢复工作外,不得再进行影响管内清洁的其他作业。

(6)管道试压。

系统安装完后,应按设计要求对管网进行强度、严密性试验,以验证其工程质量。管网的强度、严密性试验一般采用水压进行试验。

①强度试验:水压强度试验压力为设计工作压力的1.5倍,但不低于1.4MPa,水压试验的测试点应设在系统管网的最低点,注水时应注意将管

内的空气排净,并缓慢升压,水压达到试验压力后,稳压30min,管网不渗不漏、压力降不大于0.05MPa为合格。

②严密性试验:严密性试验在水压强度试验和管网冲洗合格后进行,试验压力为工作压力,稳压24h,不渗不漏为合格。对于在主管道上起切断作用的主控阀门,必须逐个做强度和严密性试验,其试验压力为阀门出厂规定的压力值。

(7)消防系统调试。

①水泵调试完成后,向蓄水池蓄水,计算水泵排水量是否达到设计要求;

②在水池蓄水过程中,水泵应能够根据水池的水位自己起动、停止;

③水池蓄水完成后,向隧道主干管道供水;

④逐个打开供水阀门,检查阀门是否能正常关闭水;

⑤逐个打开隧道内的消火栓及泡沫式灭火装置,喷水距离及泡沫装置均应符合规范及设计要求。

3.8.4 消防箱安装

3.8.4.1 工艺流程

消防箱安装施工工艺流程如图3-33所示。

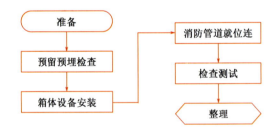

图3-33 消防箱安装施工工艺流程图

3.8.4.2 质量管控要点

(1)消火栓箱体安装。

①应根据箱体尺寸及设计安装位置,检查预留孔洞位置及尺寸。

②将箱体固定在预留孔洞内时,用水平尺找平、找正。

③箱体外表面距毛墙面应保留土建装饰厚度,使箱体外表面与装饰完的墙面相平。

④箱体下部用砖填实,其他部分与墙相接,各面用水泥砂浆填实。

(2)消火栓安装。

①消火栓是具有内扣式接头的球形阀式龙头,有直径50mm和65mm两种尺寸。为减少局部水头损失,并便于在紧急情况下操作,其出水方向宜向下或设置为与消火栓箱成90°,并栓口朝外。

②阀门中心距地面1.1m,允许偏差为20mm,阀门距箱侧面140mm,距箱后内表面100mm,允许偏差为5mm。

3.8.5 人通、汽通门安装

3.8.5.1 工艺流程

人通、汽通门施工工艺流程如图3-34所示。

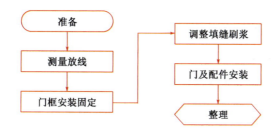

图3-34 人通、汽通门施工工艺流程图

3.8.5.2 质量管控要点

(1)安装前进行测量,确保洞口与安装规格相符。

(2)安装时将岩棉塞在锁孔、顺序器孔、闭门器孔位置及玻璃压条处,并在门框内填充细石混凝土。

(3)门框用吊线或水平尺进行调整,要求门框前后、左右垂直度≤2mm,对角线差≤2mm。无下槛防火框、上角要找方。

(4)在安装喷塑框前,应在框表面粘胶带纸以保护表面涂层。

(5)安装门扇时,要保证上缝及边缝均匀,缝隙小于2mm,门扇开关灵活,插销开关自如,不摆动。

3.8.6 火灾检测系统施工

3.8.6.1 工艺流程

火灾检测系统施工工艺流程如图3-35所示。

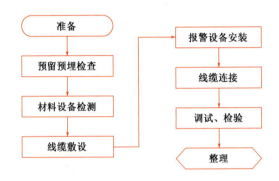

图3-35 火灾检测系统施工工艺流程图

3.8.6.2 质量管控要点

(1)安装设备前,应对预埋管线、线盒进行检查清理。对报警及控制线进行检测,测量绝缘对地电阻是否符合设计及设备安装的要求。

(2)设备安装前,应检查设备是否完好无损及是否具备相关的出厂合格证书、出厂检验报告、公安消防机关核发的销售许可证书、使用说明书、技术资料、装箱清单。

(3)火焰探测器的安装位置应符合设计要求,并应在隧道壁上固定牢靠。

(4)手动火灾报警按钮应安装在隧道壁上距路面高度1.5m处,并安装牢固,不得倾斜。

(5)火灾报警控制器落地安装时,其底宜高出地平面0.1~0.2m,并安装牢固,不得倾斜,控制器的接地应牢固,并有明显标志。

(6)工作接地线采用铜芯绝缘导线或电缆,保护接地导体不得利用金属软管。

(7)设备安装完毕后,系统调试前需要为设备安装保护罩,并制作安装各种提示警告告示牌。

3.8.6.3　注意事项

(1)火焰探测器线缆导线连接采用焊接时,不得使用带腐蚀性的助焊剂。

(2)火焰探测器线缆接口及终端底座的穿线孔宜封堵,确认灯应面向便于人员观察的主要入口方向。

(3)火灾报警控制器的引入电缆或导线应配线整齐,避免交叉,端部均应标明编号,并与图纸一致,字迹清晰不易褪色。

(4)火灾报警控制器端子板的每个接线端接线不得超过2根。

(5)火灾报警控制器的主电源引入线应与消防电源直接连接,严禁使用电源插头,并有明显标志。

3.9　隧道机电设施施工

3.9.1　适用范围

适用于公路机电工程,包括隧道监控、供配电、照明、通风、消防系统等分部分项工程。

3.9.2　施工条件

(1)隧道结构工程基本完成;隧道内预留预埋完成,并满足要求;路基工程完工,具备行车条件。

(2)在有车辆通行的区域进行施工时,应设置半封闭作业区,现场布置交通安全警示警告牌和交通锥隔离渠化设施。

(3)在隧道内施工时,因隧道内灰尘较大、能见度低,应采用主动发光式安全警示标识,如LED箭头灯、频闪梅花灯、回旋灯、爆闪灯、LED灯带等发光警示设施。

(4)施工作业人员进入施工作业区域应佩戴安全帽,并系好下颚扣,身着具有反光效果的工作服或反光背心;在无照明状态下的隧道内施工作业应着LED反光背心,并保持闪光状态。

(5)进行高处作业时应系好安全带,并做到高挂低用;在有尘环境下进行施工作业时,应佩戴防护口罩。

3.9.3 工艺流程

隧道设备施工工艺流程如图3-36所示。

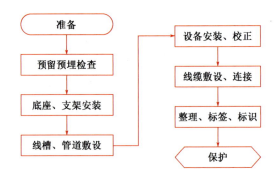

图3-36 隧道设备施工工艺流程图

3.9.4 质量管控要点

1)施工准备

(1)确定安装方法并进行技术交底。

(2)准备升降台车、倒链、电焊机、活动支架、扳手、钢丝绳、接线工具。

(3)准备绝缘电阻表、接地摇表、钢卷尺。

(4)对风机进行检查,检查风机技术文件是否齐全;检查外包装是否完好;开箱检查风机外观是否完好。

2)风机支架焊接

(1)检查预埋件的位置桩号是否符合设计要求。

(2)检查预埋件的数量、位置是否满足设计及安装要求。其预埋件的偏差应不大于通风机安装的允许偏差,即:中心线平面位移小于10mm,高程误差小于±10mm。

(3)将风机的连接附件焊接在预埋件上,并加荷载做预埋件的抗拉拔试验。

(4)划线工在预埋件上定测好连接件应焊的位置并划线。电焊工将连接件焊在预埋件上,各工种应持证上岗。风机连接件定位后,固定焊接采用直流焊机,选用碱性焊条 E 4315;用 $\phi 3.2$ 焊条打底,焊接电流控制在 80~100A;用 $\phi 4$ 焊条填充、盖面,焊接电流控制在 120~150A,焊缝应按随机文件执行,无明确规定时 $h=12$mm。按《钢结构工程施工质量验收标准》(GB 50205—2020)确定焊缝检查标准。

(5)按要求进行风机连接件焊缝部位的防腐处理。

(6)清洁焊缝部位,先刷两遍防腐漆,再刷两遍黑色环氧树脂漆,漆层厚度≥60μm。

3)拉拔试验

(1)试验由具备相应资质的检测单位到现场开展。

(2)做风机拉拔试验时,应请监理到现场进行旁站监督。

(3)对风机的预埋件进行拉拔试验,检验其承载力,承载力应达到设计要求。不符合要求的,检查是土建预埋件的问题还是机电焊接质量问题,须经整改合格后,再次进行拉拔试验,直到符合设计要求。

(4)每台风机拉拔试验应有详细记录和必要的影像记录资料。

风机拉拔试验如图 3-37 所示。

图 3-37 风机拉拔试验

4)风机运输

(1)风机运输前做好保护处理,防止运输中发生碰撞导致风机损伤。

(2)将钢丝绳穿在风机吊装孔内,绑扎牢固。

(3)用起重机或自制脚手架将风机吊装到运输车上,并设防滚装置。

(4)不得将风机相互叠压。

(5)电机的绝缘性能的测定分为接线柱三相之间的绝缘电阻测试,以及各接线柱对风机壳体之间的绝缘电阻的测定。用1000V绝缘摇表进行测量。

(6)消声器的拆装检查,满足以下要求:消声器在运输中不能损坏或受潮,充填的消声材料不应有明显的下沉;消声器外表面平整,不应有明显的凹凸、划痕、锈蚀;紧固消声器部件的螺钉分布均匀,接缝平整,不能松动、脱落;穿孔板表面清洁,无锈蚀及孔洞堵塞;内衬玻璃纤维布应平整无破损。

5)风机吊装

(1)将风机联杆、吊环安装到预埋钢板螺栓上,用力矩扳手固定。

(2)用起重机或倒链将风机吊装到安装支架上。

(3)缓慢升起台车至风机与风机连杆相距30cm时暂停,调整风机连杆,摆正安装方向,继续上升,直至风机安装孔与风机连杆上吊装安装孔对正,插入连接螺栓。

(4)用力矩扳手对称紧固螺栓,将消音器吊挂条固定。及时固定保护钢丝绳。对安装过程中损伤处进行必要的防腐、喷漆处理。

(5)风机安装采用2个5t手拉倒链,每个倒链的一端挂在吊钩上,一端固定在射流风机起吊钩上,进行吊装就位。

(6)在风机两侧各设置一辆作业台车,每辆车上有2名作业人员拉动倒链,将风机吊起到安装位置,地面上设3名作业人员,其中2名负责架子车的移动及固定,另1名作业人员负责上下协调,统一指挥,以便于风机平稳地吊起到位。

(7)调整风机的位置,当位置调整完毕后,安装风机与连接附件之间的螺栓,并紧固连接螺栓。每个连接螺栓应加一套平垫片、一套弹簧垫片,并加一个紧固螺母,以防止风机运行振动、螺母松动,紧固后的螺栓丝扣外露部分应在2~3螺距。

(8)规范偏差:安装就位后的风机满足以下要求:

中心线的平面后移1mm以下,高程为±10mm以内,经纬仪或拉线和尺量检查,用水准仪或水平尺、直尺、拉线和尺量检查。

(9)风机安装完工后,进行以下项目的机械完工检查:

①风机安装位置正确。各连接面接触良好,连接件可靠、无松动。

②各零部件与其安装底座接触紧密,紧固件受力均匀。

③风机各部件,纵、横向水平度的允许偏差达到有关规范要求。

④设备安装正确,无缺项、无杂物,运动部件润滑良好。

风机吊装如图3-38所示。

图3-38 风机吊装

6)调试

(1)风机安装过程中单机试验运转应在监理工程师监控下进行,试验前应确保电压符合要求,接线正确,连接件牢固,转动件、叶片与轮毂无触碰。

(2)按风机接线图进行设备接线,接地良好。

(3)检查风机各个部分是否连接可靠,风机内部有无杂物。

(4)通电调试。通电试运行,检查风机的风量、风速、起动、停机、反向起动等相关的性能参数。

(5)设备及配件的型号规格、数量应符合要求,部件完整。

(6)风机底座焊接焊缝应无夹渣、气泡,风机底座与预埋底板除锈完成,防锈油漆涂刷到位。

(7)风机安装完成后,壳体底部距离路面的净空高度满足设计要求。

3.9.5　注意事项

(1)施工作业人员进入隧道施工必须佩戴安全帽,并系好下颚扣,身着具有反光效果的工作服或反光背心;在无照明设施的隧道内施工作业时应装LED反光背心,并保持闪光状态。

(2)地面人员必须与施工位置保持足够距离,防止高空工具、材料等坠物伤人。

(3)搭设或拆除脚手架时,必须画出安全区,设警戒标志,并应有专人负责阻止无关人员靠近工作区域。

(4)升降车必须严格按照操作规程使用。脚手架的搭建必须稳固牢靠。不适于高空作业者,一律不得上架操作。

(5)施工人员必须全部佩戴安全带方可进行高空作业。

(6)施工人员须注意安全保护,系好安全带后,用吊绳将灯箱、安装附件以及工具吊上操作平台,进行安装作业。

(7)搭建现场施工平台,方式视具体施工条件而不同。条件允许时可采用升降车进行施工作业。也可以搭建脚手架作为施工平台。

隧道机电设备施工现场如图3-39~图3-44所示。

图3-39 隧道机电设备施工现场图(一)

图3-40 隧道机电设备施工现场图(二)

图3-41 隧道机电设备施工现场图(三)

图3-42　隧道机电设备施工现场图(四)

图3-43　隧道机电设备施工现场图(五)

图3-44　隧道机电设备施工现场图(六)

（8）为保证安装设备的统一美观,所有箱体正面应处在同一水平线上,箱体侧面垂直度保持一致。

3.10 室内设备施工

3.10.1 设备机房施工

3.10.1.1 适用范围

设备机房适用于公路机电工程,包括监控、通信、收费、供配电、照明、通风系统等分部分项工程,如通信室、设备室等。

3.10.1.2 施工条件

(1)机房地面平整、光洁,机房门的尺寸应保证设备运输顺利通过。

(2)机房预埋线槽、暗管、孔洞和竖井的位置、数量、尺寸应符合要求。

(3)机房位置、面积、高度、通风、防火及环境温、湿度等应符合要求。

(4)机房引入管道和缆线与其他设施的位置间距应符合要求。

(5)机房应尽可能靠近建筑物线缆竖井位置,有利于主干缆线的引入。机房的位置应便于设备接地。

(6)机房应尽量远离有高低压变配电装置、电机、X射线和无线电发射装置等干扰源存在的场地。

(7)机房室温度应为10~35℃,相对湿度应为20%~80%,并应通风良好。

(8)机房内应有足够的设备安装空间。机房梁下净高应不小于2.5m,采用外开双扇门,门宽不应小于1.5m。

(9)机房应防止有害气体(如氯、碳水化合物、硫化氢、氮氧化物、二氧化碳等)侵入,并应有良好的防尘措施,尘埃含量限值宜符合有关规定。

3.10.1.3 工艺流程

室内设备施工工艺流程如图3-45所示。

图3-45 室内设备施工工艺流程图

3.10.1.4 质量管控要点

(1)设备机房应整洁,通风、照明、环境温湿度条件良好。

(2)槽道、机架[包括子架、数字配线架(DDF)、ODF]及设备布局合理、安装稳固;机架横竖端正、排列整齐;拼装螺栓紧固、余留长度一致。

(3)配线架上布线整齐、美观,长度适当;绑扎牢固、成端符合规范要求;标识正确清楚。

(4)设备连接用连接线、跳线(纤)符合设计要求,长度适当、标识正确清楚。

(5)电源设备及配件的型号规格、数量应符合要求,部件完整。蓄电池的连接条、螺栓、螺母应做防腐处理,并连接可靠。

(6)机房设备布局合理、安装稳固、横竖端正、排列整齐。

(7)设备间连接线缆整齐、美观、长度适当、绑扎牢固,接线端头焊(压)接牢固、平滑、标识正确清楚。

(8)网络设备、网线线槽、信息插座布放整齐美观、安装牢固、标识清楚。

（9）线缆布放路由正确、绑扎牢固、端头连接规范、标识正确清楚,线缆弯曲半径和预留长度应符合规定。

（10）机柜设备固定牢靠,机柜内无杂物。

（11）机柜内光/电缆排列整齐、绑扎牢固、有标识,电源线、信号线分开布设、有保护。

（12）机柜与接地线可靠连接,进出线管与箱体连接处做密封处理。

3.10.1.5 注意事项

（1）上走线架安装在机柜正上方,要求弱电上走线架的边缘与机柜的背门对齐,强电上走线架的边缘与机柜的前门对齐,两个走线架可有部分重叠,但应保持足够的高度差。挂壁固定时,必须了解天花板的浇筑厚度,用冲击钻钻膨胀螺栓的深度,既要保证走线架承受所有线缆的重力,又不能将天花板打穿导致屋顶漏水情况发生。

（2）机房接地汇流排不得安装在线槽内。

（3）机柜或操作台下防静电地板开孔引线需要加软管保护,以保护线缆引入时不受损坏。开孔的金属线槽应做打磨处理,开孔处应无尖边、飞刺等。

（4）线缆沿线槽敷设,排列整齐,不得有交叉。线缆敷设拐弯角度应以最大截面积电缆允许的弯曲半径为准。

（5）机柜内的强、弱电缆末端必须有胶带等绝缘物封头,电缆剖头处必须用胶带和护套封扎。

（6）光跳纤或尾纤布放时,应尽量减少转弯,需要转弯时最好弯成圆形,圆形直径不小于80mm。光跳纤或尾纤敷设时应加保护塑胶套管。光跳纤或尾纤布放应做到顺其自然,不可强拉硬拽,绑扎力度应适宜,不得绑扎过紧,不得有其他电缆压在光跳纤或尾纤上面。

（7）现场所有设备安装完后,对施工现场进行清理恢复,并注意在投入使用前对成品进行保护。

室内机电设备施工现场如图3-46～图3-52所示。

图3-46　室内机电设备施工现场图(一)

图3-47　室内机电设备施工现场图(二)

图3-48　室内机电设备施工现场图(三)

图 3-49　室内机电设备施工现场图(四)

图 3-50　室内机电设备施工现场图(五)

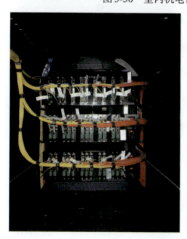

图 3-51　室内机电设备施工现场图(六)

图3-52 室内机电设备施工现场图(七)

3.10.2 变电所配电房设备施工

3.10.2.1 适用范围

变电所配电房设备适用于公路机电工程,包括监控、通信、收费、供配电、照明、通风系统等分部分项工程,如管理中心、收费站、服务区、养护工区、隧道管理站、隧道变电所等。

3.10.2.2 施工条件

(1)施工区域地面、墙体已施工完成。

(2)室内地面、墙壁等处的预留孔洞,预埋件的规格、尺寸、位置、数量等符合要求。

(3)电缆沟位置、尺寸符合要求,沟内平整、无积水和杂物等。

(4)室内装修已完成,充分干燥,地面应平整、无尘土和杂物等。

(5)设备安装前,所需的供配电线缆按设计要求引进到位。

(6)室内门窗安装完成且密封良好。

(7)室内不得存放易燃、易爆或具有腐蚀性、强热源的物体。

(8)接地系统完成,接地电阻符合要求。

3.10.2.3 质量管控要点

(1)配电设备及配件的型号、规格、数量应符合要求,部件完整。

(2)电气设备外露可导电部分与接地装置可靠连接。成排配电装置的两端均与接地线相连。

（3）变配电所配电装置各回路的相序排列应一致,硬导体应涂刷相色油漆或相色标志。

（4）变配电所列架布局应合理,应安装稳固。

（5）变压器室、配电室、电容器室应设置防止雨、雪和蛇、鼠类小动物从采光窗、通风窗、门、电缆沟等进入室内的设施。

3.10.2.4　注意事项

（1）箱式变电站及其落地式配电箱的基础应高于室外地坪,周围排水通畅。用地脚螺栓固定的螺母应齐全,拧紧牢固;自由安放的应垫平放正。金属箱式变电所及落地式配电箱的箱体应与保护导体可靠连接,且有标识。

（2）线缆沿缆沟敷设,应单层敷设,排列整齐,不得有交叉。线缆敷设拐弯角度应以最大截面积电缆允许的弯曲半径为准。

（3）铠装电缆进入机柜后,应将钢带切断,切断处应扎紧,钢带应在机柜侧一点接地。

（4）电缆引入机柜应排列整齐、编号清晰、避免交叉、固定牢固,不得使所接的端子承受机械应力。

（5）变压器本体应两点接地。变压器箱体、干式变压器的支架、基础型钢及外壳应分别单独与保护导体可靠连接。

（6）机柜相互间应用镀锌螺栓连接;机柜与基础型钢不宜焊接固定。

（7）现场所有设备安装完成后,应对施工现场进行清理恢复,并注意在设备投入使用前对成品进行保护。

变电所/配电房设备施工现场如图3-53和图3-54所示。

图 3-53 变电所/配电房设备施工现场图(一)

图 3-54 变电所/配电房设备施工现场图(二)

3.10.3 监控室设备施工

3.10.3.1 适用范围

监控室设备适用于公路机电工程,包括监控、通信、收费、供配电、照明、通风系统等分部分项工程,如管理中心、收费站、隧道管理站等。

3.10.3.2 施工条件

(1)施工区域地面、墙体已施工完成。室内地面、墙壁等处的预留孔洞以及预埋件的规格、尺寸、位置、数量等符合要求。

(2)室内装修已完成,充分干燥,地面应平整、无尘土和杂物等。

(3)设备安装前,所需的供配电线缆按设计要求引进到位。

(4)室内门窗安装完成且密封良好。

(5)室内不得存放易燃、易爆或具有腐蚀性、强热源的物体。

(6)接地系统完成,接地电阻符合要求。

(7)机房内应有足够的设备安装空间。

3.10.3.3 工艺流程

监控室设备施工工艺流程如图3-55所示。

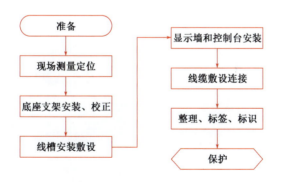

图3-55 监控室设备施工工艺流程图

3.10.3.4 质量管控要点

(1)监控室应整洁、美观、通风、照明、环境温湿度条件良好。

(2)监控室设备及配件的型号规格、数量应符合要求,部件完整。

(3)监控室布局合理、美观。

(4)显示系统屏幕安装方位、角度、高度符合要求,安装稳固、横竖端正、标识清楚。

(5)视频系统图像清晰、稳定、无抖动,画面明亮、色泽鲜艳可调。

(6)监控室控制台上设备布局符合要求,安装稳固、横竖端正、标识清楚。

(7)监控室设备及软件安装调试完毕,系统应处于正常工作状态。

3.10.3.5 注意事项

(1)机柜或操作台下防静电地板开孔引线需要加软管保护,以保护线缆引入时不受损坏。开孔的金属线槽应做打磨处理,开孔处应无尖边、飞刺等。

(2)系统设备安装完后,应先检查所有连接插件是否正确且接触良好、牢固,再加电调试。

(3)现场所有设备安装完成后,应对施工现场进行清理恢复,并注意在设备投入使用前对成品进行保护。

监控室设备现场如图3-56和图3-57所示。

图3-56 监控室设备现场图(一)

图3-57 监控室设备现场图(二)

4

安全篇

4.1 一般规定

4.1.1 施工计划报送、发布

施工单位应在施工前一天向路段指挥中心上报第二天的施工计划,具体包括施工地点、施工类型、道路占用情况、现场负责人及联系方式等信息。

4.1.2 安全设施

现场施工应根据设计、专项施工方案及应急预案要求配备相应的安全设施。

4.1.3 安全教育

(1)参建单位应当严格执行国家、地方、行业及企业对员工安全教育培训的有关规定,适时组织针对员工和特种作业人员的教育培训工作,从业人员应当按规定持有效的资格证书上岗。未经安全生产教育培训考核或者培训考核不合格的人员,不得上岗作业。

(2)安全教育培训坚持先培训、后上岗的原则,安全教育培训有"三类人员"(企业主要负责人、项目负责人和专职安全生产管理人员)培训、特种作业人员培训、进场安全教育、三级安全教育、班前(岗前)安全教育等形式。

(3)安全教育培训应当贯穿施工全过程,并有计划地分层次、分岗位、分工种实施,所有安全教育要有受教育人的亲笔签名,其教育培训情况记入个人工作档案。

(4)"三类人员"应当参加规定课时和规定内容的安全教育培训,取得考核合格证,并应当在证书有效期内至少参加一次交通运输主管部门组织的、不低于8个学时的安全生产继续教育。

(5)特种作业人员应当参加相关主管部门的安全培训,取得特种作业操作资格证书,并按规定参加复审培训。

(6)新工人进场前应当接受公司级、项目部级、班组级三级安全教育,公司级、项目部级不少于15个学时,班组级不少于20个学时。

(7)施工单位在采用新技术、新工艺、新设备、新材料时,应当对作业人员进行相应的安全生产教育培训。

(8)新进人员和作业人员进入新的施工现场或者转入新的岗位前,应当接受安全生产教育培训。

(9)施工单位应当对管理人员和作业人员进行每年不少于两次的安全生产教育培训。

(10)施工单位法定代表人、项目经理应当每年接受安全培训,时间不得少于30学时。

(11)专职安全管理人员应当每年接受安全技术专业培训,时间不得少于40学时。

(12)其他管理人员和技术人员每年接受安全培训的时间不得少于20学时。

(13)特殊工种(包括电工、焊工、机械操作工、起重工等)在通过专业技术培训并取得岗位操作证后,每年仍须接受有针对性的安全培训,时间不得少于20学时。

(14)企业其他职工每年接受安全培训的时间不得少于15学时。

(15)企业待岗、转岗、换岗的职工,在重新上岗前,应当接受一次安全培训,时间不得少于20学时。

4.2 机械设备安全要求

4.2.1 施工车辆安全要求

4.2.1.1 施工车辆合法要求

施工车辆,包括管理用车、预警车、工具车、运输车、登高平台安装车等,应具备符合国家规定的车辆行驶证,并满足相应的年检要求。

4.2.1.2 车辆商业险特别要求

所有车辆除投保第三者交强险外,还需要投保不低于每车100万元的第三者责任商业险。

4.2.1.3 施工车辆安全装备配备要求

施工车辆要求加装安全防护设施,包括大型显示屏、激光灯(预警车安装)、警灯(LED爆闪灯)、倒车语音提示装置、倒车影像装置、倒车雷达和倒车触碰停车防护装置等。具体要求如下:

(1)自有车辆加装倒车影像装置、倒车雷达、倒车语音提示装置、全球卫星定位系统(GPS)、行车记录仪、警灯(LED爆闪灯);预警车应加装大型显示屏、激光灯。施工车辆安全设施配置如图4-1所示。

a)预警车驾驶室

b)封道车显示屏

c)封道车驾驶室

d)激光灯

图4-1 施工车辆安全设施配置

(2)长期外租工具车加装倒车影像装置、倒车雷达、倒车语音提示装置、GPS、行车记录仪、警灯。倒车影像装置及警灯如图4-2所示。

a)倒车影像装置　　　　　　　　b)警灯

图4-2　倒车影像装置及警灯

(3)短期或临时平板车加装倒车影像装置、倒车语音提示装置,车尾悬挂"施工车辆、请勿尾随"警示牌,粘贴高强反光膜。车尾悬挂的警示牌如图4-3所示。

图4-3　车尾悬挂的警示牌

4.2.2　施工机械、设备安全要求

4.2.2.1　登高设备安全要求

登高设备应采用登高车或自动升降作业平台。禁止使用手推式脚手架,如采用绑定货车的脚手架登高作业平台,必须经过项目部验收挂牌。

4.2.2.2 气焊、气割设备安全要求

氧气瓶和乙炔瓶应配备手推车,且应配备随车灭火器,禁止使用液化石油气代替乙炔。氧气瓶、乙炔瓶小推车及随车灭火器如图4-4所示。

图4-4 氧气瓶、乙炔瓶小推车及随车灭火器

4.2.2.3 临时用电管理

临时用电应配备有漏电保护装置的配电箱,禁止使用无任何安全防护的简易插座。

4.3 施工现场安全围挡

4.3.1 基坑防护

(1)深度小于1m的基础防护:采取警示锥桶加连杆围成隔离区,防止无关人员因警示不到位坠入坑洞。

(2)深度大于1m的基础基坑临边防护:采用铁栅栏作为硬隔离,并挂设警示标志或者钢管加密目安全网进行警示隔离。

4.3.2 施工区域安全围挡

(1)现场施工侧方点应设置安全隔离警示措施(导向、限速和施工告示标志)。

(2)道路封闭施工端头应设置安全措施(导向标志、禁止通行标志)。

(3)收费岛施工端头应设置安全措施,引导车辆出入。

现场施工侧方安全隔离警示措施如图4-5所示,道路封闭防护现场如图4-6所示。

图4-5 现场施工侧方安全隔离警示措施

a)道路封闭施工端头安全措施　　　　　　b)收费岛施工端头安全措施

图4-6 道路封闭防护现场图

4.4 高处作业

严格按照《高处作业安全操作规程》《建筑施工高处作业安全技术规范》等要求,结合项目特点,编制高处作业安全技术保障措施,设置高处作业平台,平台经过验收后方可投入使用。高处作业现场图如图4-7所示。

高空作业平台应采用登高车、车载升降台、自行式升降台等专用登高设备,禁止使用未按规范和设计要求临时组装的脚手架。每处高空作业点前后均应设置自发光警示隔离措施,并落实专人(不少于2人)进行监护和预警。

图 4-7　高处作业现场图

移动式操作平台。经组装的移动式操作平台搭设后,施工班组(搭设)负责人应当向所属项目的项目工程师和安全员申请报验,经验收合格后,由项目安全员填写"施工设备进场验收记录",双方共同签署验收意见,在"验收合格牌"签字并悬挂后方可使用。

高处设备安装采用定制化自行式移动平台车,设置专用爬梯和临边防护栏杆,挂设安全网,前后两端轮廓设置灯带警示,该平台车既提高施工效率,又增强施工安全可靠性。对于局部涉及升降部位的施工,则采用登高车进行登高。移动式升降平台、登高车、移动高处操作平台及护笼设置如图4-8所示。

图　4-8

图 4-8　移动式升降平台、登高车、移动高处操作平台及护笼设置

4.5　桥梁护栏外施工挂篮

针对桥梁高处作业施工挂篮应编制专项施工方案,并经验收合格后方可使用。

桥梁外侧通信管道管箱、托架施工可使用滑车。并应经过专门设计绘图、受力计算,保证安全;可通过内外侧增加橡胶轮,减少摩擦力,并减少对工程成品混凝土外观的损坏。

桥梁侧施工,可使用手推式桥梁外侧施工小挂篮,挂篮设安全警示标志、配重荷载和验收合格牌。作业平台设置栏杆和挡脚板,外侧使用密目安全网围护,确保施工作业安全。移动式施工挂篮如图4-9和图4-10所示。

图 4-9　移动式施工挂篮(一)

图 4-10　移动式施工挂篮(二)

4.6　起重吊装作业

吊装作业前应进行专项安全技术交底,吊装作业操作人员必须持证上岗,作业区域内应设封闭和隔离措施,现场设置禁止无关人员进入的警示牌,现场应设专人指挥,指挥人员应佩戴红袖标,挂口哨,手持对讲机和红绿三角旗;作业过程中严格执行起重吊装作业"十不吊"规范要求,做到规范操作。封道吊装作业现场如图 4-11 所示。

图 4-11　封道吊装作业现场

4.7　钢箱梁内有限空间作业

针对钢箱梁内有限空间作业应编制专项施工方案和应急预案,开展专项安全技术交底。进入钢箱梁内施工的作业人员应知悉风险,并认真落实相关安全防范措施。钢箱梁内作业现场如图4-12和图4-13所示。

图4-12　钢箱梁内作业现场图(一)

图4-13　钢箱梁内作业现场图(二)

进入箱梁内施工人员应穿反光工作服或LED反光背心,每人配备对讲机、防暑药品,现场用LED手持式照明灯增加光照,使用小型轴流风机进行通风降温,规定进入施工现场必须有2人同行,并安排专人在施工前和施工过程中检测温度和有害气体以及氧气含量。

作业人员进入钢箱梁内部施工,可在钢箱梁端部进入部位制作钢斜梯,底部架设上下平台,周边安装防护栏杆,在可能坠落的位置设置安全防护网,防止人员设备坠落。

4.8 施工交通组织

4.8.1 施工区域车辆通行规定

(1)在断流区域内通行的车辆,必须事先向营运部门申领"施工车辆通行证"或"临时通行证",无通行证车辆禁止进入断流区域。

(2)车辆在施工断流区域内一般路段行驶速度不得大于60km/h,隧道内行驶速度不得大于40km/h,通过施工区域时行驶速度不得大于30km/h。

(3)车辆在施工断流区域内一律靠右侧行驶,占道施工区域范围内车辆交会的直线行驶车辆优先通行;所有匝道禁止逆向行驶;发布撤场通知后,任何车辆不得在断流区域内逆向行驶。

(4)车辆在施工断流区域内行驶时应开启危险报警闪光灯,在隧道内通行时还应同时开启前照灯(近光)。

(5)施工期间,禁止一切侵占营运车道(对向车道)的行为。

4.8.2 施工布置区规则

(1)警告区:从作业区起点设置施工标志到上游过渡区之间的路段,设计速度为120km/h的路段长度为2km,设计速度为100km/h的路段长度为1.8km,其中移动养护作业的警告区参照规定长度为300m,在弯道、下坡、大流量等路段应根据规范和实际需要相应延长。

(2)上游过渡区:保证车辆平稳地从封闭车道的上游横向过渡到缓冲区旁边非封闭车道的路段,应遵循"弯道施工封直道、坡底施工封坡顶、洞内施工封洞口"的布设原则,长度为300m,涉及在隧道内施工的,应设置于洞外,且长度不少于350m;若相邻隧道间距小于350m,在下游隧道内施工,原则上应设置于上游隧道洞外;若在硬路肩定点施工,则上游过渡区的长度应按照不小于上述数值的1/3取值。

(3)缓冲区:上游过渡区和工作区之间的路段,长度为150m。

(4)工作区:工作区的长度一般不宜超过4km;借用对向车道通行的养护作业,工作区的长度应根据中央分隔带开口间距和实际养护作业而定。

(5)下游过渡区:保证车辆平稳地从工作区旁边的车道横向过渡到正常车道的路段,长度为50m。

(6)终止区:设置于工作区下游,调整车辆行车状态高速公路养护作业控制区布设与管理规定的路段,长度为30m。

(7)作业区内出现较为严重的堵车情况时,应根据现场实际情况缩短上游过渡区、缓冲区以及工作区长度,缓解交通拥堵压力。

(8)在高速公路养护作业控制区布设与管理规定中,一般作业现场的布置、各种设施所在大致位置及之间的距离,在具体操作时可根据作业区所在路段的具体情况进行提升优化。

(9)特殊路段作业区布置。地形复杂、视距受限路段的养护作业,作业区的布置方案应按照"一点一方案"的要求,在具体的交通组织方案中完善。在长期施工、借道施工以及小半径、视线不良、连续下坡等特殊路段施工时,应增加防撞设施,在长下坡危险路段开展养护作业时应充分进行安全风险评估,宜采用断流的交通组织模式。

(10)所有涉路施工作业前应参照本指南编制作业区的布置方案,作为施工组织设计的一部分,通过业主、交警和交通运输执法队等相关部门的审查后,方可实施。

4.8.3 隧道洞口管控

(1)施工断流区域内涉及施工的隧道实行洞口管控。洞口管控点按照"谁作业为主,谁负责管控"的原则,由管理中心在施工前协调确定隧道口管控责任单位。

(2)隧道口管控点应配置交通锥,用横杆相连,并采用导向标志、诱导标、雨棚等设施。洞口管控现场如图4-14所示。

图4-14　洞口管控现场图

（3）隧道口单侧封闭如图4-15所示。

图4-15　隧道口交通单侧封闭示例

（4）隧道口全封闭交通管制如图4-16所示。

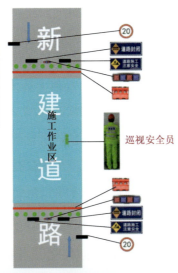

荧光绿交通锥		
序号	名称	数量
1	20km/h限速标志牌	4块
2	道路封闭标志牌	2块
3	注意施工标志牌	2块
4	爆闪灯	2个
5	荧光绿安全员	1名
6	水马	若干

图4-16 隧道口全封闭交通管制设计图及现场图

(5)施工单位应当为隧道洞口管控管控人员配备反光标志服、安全帽、通信设备、臂章、慢字旗或指挥棒等装备(图4-17)。

图4-17 洞口管控人员装备标准

(6)隧道口管控人员岗位职责：

①负责隧道洞口管控点附近标志标牌和交通锥的维护工作；

②负责检查拟进入隧道通行车辆的通行证；

③负责向驶入车辆的驾乘人员传达隧道内施工控制区布设情况和限速通行要求；

④负责将通过本隧道车辆信息的传递至另侧出入口管控人员；

⑤负责组织隧道进出口车辆交替通行；

⑥配合完成隧道内突发事件应急处置工作。

4.8.4 隧道内施工控制区布设与管控基本要求

(1)隧道内有施工作业时应布设控制区,过渡区布设起点应设置在隧道外。

(2)隧道内施工(罩面施工除外)控制区布设时,必须预留通行车道并保证车道基本顺直,控制通行车辆单向交替通行,且管控人员要配备长距离对讲机以进行实时沟通。

(3)控制区内施工用车需要借用通行一侧道路临时卸车时,应有预警指挥人员协同洞口管控人员进行两端管控,确保卸车完成后再放行。

(4)隧道内单幅通行控制区布设如图4-18所示。

(5)隧道顶部作业需侵占部分通行车道时,应在原有单侧通行封闭区的基础上,按照50m长度设置侵占作业控制区,最大侵占宽度不大于50cm,详见图4-19。

(6)确需在预留通行车道上施工作业的,应按照控制区布设要求布设;与前后施工作业区间距不得小于200m,详见图4-20。

4.8.5 隧道内警示设施

隧道内可使用投影警示灯。警示灯是一种区别于传统安全标志指示牌和安全作业操作规程的便携式电子警示牌,其投射内容可随施工环境和风险变化而改动,在光线不足的隧道或箱梁内警示效果尤为明显,可实时提醒隧道施工作业人员安全施工。投影警示灯如图4-21所示。

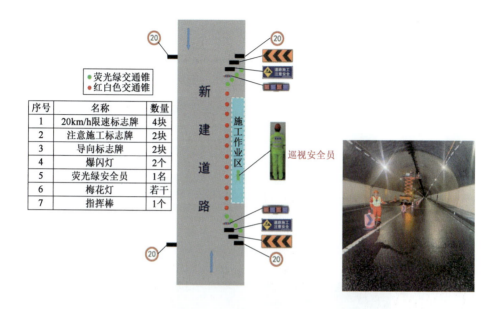

图4-18 单幅通行控制区布设图示

图4-19 侵占通行车道控制区布设图示

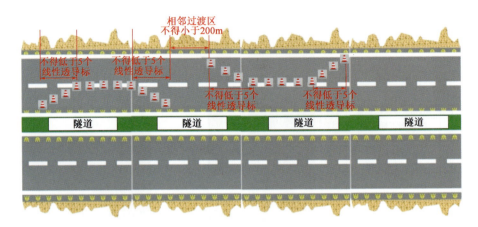

图 4-20　变换通行车道控制区布设图示

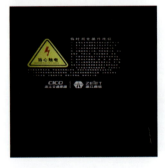

图 4-21　投影警示灯

4.8.6 施工结束清场安全管理

4.8.6.1 施工车辆、设备停放

(1)施工间断进行时,在中间通行时间,主线开通前,所有施工车辆、设备能撤离的全部撤离高速公路,不能撤离的应有序停放在隧道口的中央连接通道的空旷区域,并应始终保障中央连接通道畅通。

(2)施工全部结束时,在主线开通前,所有施工车辆和设备应全部撤离高速公路。

4.8.6.2 材料、物料清理

施工结束后,主线开通前,应将施工现场的所有材料、物料、垃圾清理运走,不得遗留在车道或隧道检修道上。

4.8.6.3 清场检查

(1)安排2次清场检查,两次清场检查时间间隔为30min。如断流施工路线长度超过100km,应根据实际情况实施分段清场。

(2)清场车辆发现有施工车辆抛锚或材料物料遗留在通行车道的,应立即上报指挥中心,待异常情况处理结束后再次执行清场检查。

4.9 应急管理

4.9.1 一般规定

(1)工程项目安全生产应急管理应当遵循"以人为本、安全第一,居安思危、预防为主"的原则。

(2)施工单位应根据工程施工特点、范围,对施工现场较大及以上等级的风险进行监控,编制专项应急预案和现场处置方案。施工单位的应急预案应与建设单位及属地应急预案相衔接,并应开展应急预案宣贯和交底。

(3)施工单位应建立应急组织机构,成立以项目经理为组长的应急领导小组,设置项目部应急处置工作小组。

(4)施工单位应当建立应急救援组织或者配备应急救援人员,配备必要的应急救援器材、设备,并定期组织演练。

(5)生产安全事故发生后,工程参建单位应按照国务院《生产安全事故报告和调查处理条例》(国务院令2007年第493号)规定,及时、准确报告生产安全事故情况,保护事故现场,配合事故调查处理工作。

4.9.2 应急预案

4.9.2.1 机电施工突发事件应急预案类型

施工单位应根据施工的特点,编制以下几方面(不限于)的突发事件专项应急预案:社会车辆误入断流区间应急处置预案、施工车辆在断流区间抛锚应急处置预案、断流区间交通事故应急处置预案、施工现场安全生产事故应急处置预案、隧道内火灾应急处置预案。

4.9.2.2 应急准备

应急准备包括与各施工点就近救援力量(消防人员、医疗人员、交警等)的对接、清障施救驻点的部署、应急救援路线的规划等。

4.9.2.3 应急物资柜配置标准

(1)配置带玻璃门的铁质或不锈钢专柜。

(2)应急物资对应处摆放可移动的标签。

(3)玻璃上张贴"应急物资,请勿挪用"字样提示牌。

(4)物资柜应上锁,张贴应急管理员姓名及电话号码。

(5)柜边悬挂应急物资定期检查表,安全员每月检查1次。

(6)应急物资配置应与应急预案对应急物资的相关要求相一致。

应急物资柜及物品如图4-22所示。

a)应急物资专柜储备

b)安全用品有序存放　　　　c)应急物资检查卡

图4-22　应急物资柜及物品

4.10　安全文化

4.10.1　平安班组创建

开展"平安班组"创建活动,即:创建人员合格、标化规范、防护到位、隐患整改及时、无安全事故的班组。引导班组长积极组织班组标化活动,认真落实隐患排查整改,提升班组安全管理成绩,规范填写班组资料。

4.10.2　开展安全文化活动

根据项目管理要求和实际情况,组织开展"最美班组""最美工人""立功竞赛"等安全文化活动。

4.11　安全管理系统

可采用安全管理信息化系统,对人员管理、设备管理、风险管控、安全检查、安全活动、危大工程、应急管理等重要模块实行线上网络实时录入，通过现场检查实时上传隐患与闭环，实行全时段动态管控，确保项目重点安全工作可控。安全生产管理系统如图4-23所示。

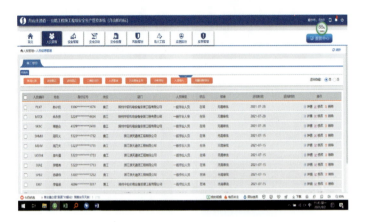

图4-23　安全生产管理系统示意图